32

FACULTÉ DE DROIT DE LYON

DROIT ROMAIN

DE LA CONDICTIO INDEBITI

DROIT FRANÇAIS

LOI DES 27-28 FÉVRIER 1880

relative à l'aliénation des valeurs mobilières appartenant aux mineurs et aux interdits
et à la conversion de ces mêmes valeurs en titres au porteur

THÈSE DE DOCTORAT

SOUTENUE LE 22 MAI 1882

PAR

ALBERT MILHE-POUTINGON

Avocat à la Cour d'appel de Lyon

DIGNE

IMPRIMERIE BARBAROUX, CHASPOUL ET CONSTANS

1882

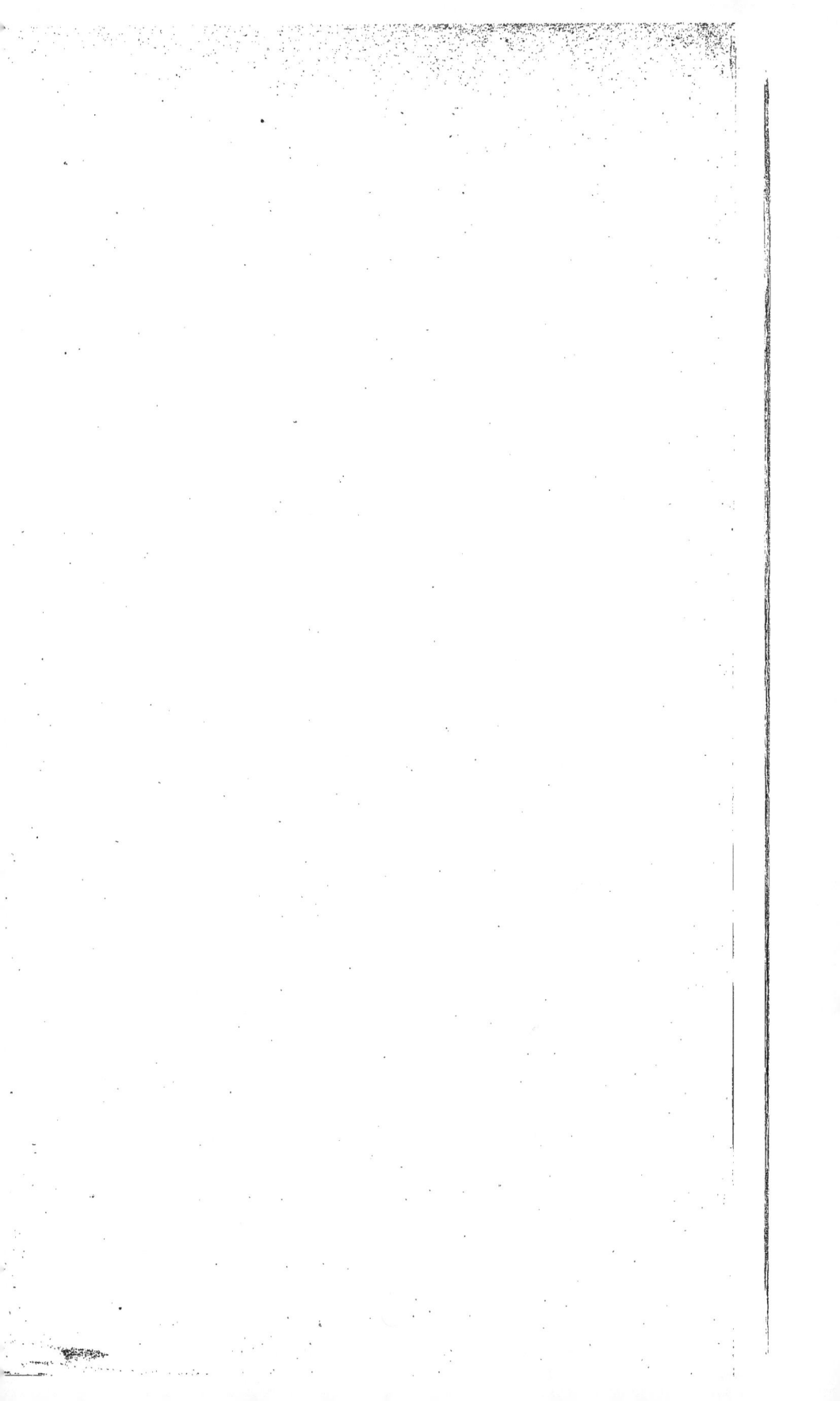

FACULTÉ DE DROIT DE LYON

DROIT ROMAIN

—

DE LA CONDICTIO INDEBITI

—

DROIT FRANÇAIS

—

LOI DES 27-28 FÉVRIER 1880

*relative à l'aliénation des valeurs mobilières appartenant aux mineurs et aux interdits
et à la conversion de ces mêmes valeurs en titres au porteur*

THÈSE DE DOCTORAT

SOUTENUE LE 22 MAI 1882

PAR

Albert MILHE-POUTINGON

Avocat à la Cour d'appel de Lyon

Sous la présidence de M. le Doyen CAILLEMER

Suffragants : { MM. MABIRE, professeur.
APPLETON, id.
FLURER, id.
COHENDY, agrégé.

DIGNE

IMPRIMERIE BARBAROUX, CHASPOUL et CONSTANS

—

1882

FACULTÉ DE DROIT DE LYON

MM. CAILLEMER, ❋, Doyen, professeur de Droit civil.
MABIRE, professeur de Droit civil.
GARRAUD, professeur de Droit criminel.
APPLETON, professeur de Droit romain.
FLURER, professeur de Droit civil.
THALLER, professeur de Droit commercial.
ROUGIER, professeur d'Économie Politique.
ÉNOU, professeur de Droit administratif.
AUDIBERT, professeur de Droit romain.
HANOTEAU, professeur de Procédure civile.
COHENDY, agrégé, chargé du Cours de Droit international privé.
LESEUR, agrégé, chargé du Cours d'Histoire générale du Droit Français.
SAUZET, agrégé, chargé du Cours de Législation industrielle.
BECQ, Secrétaire, agent comptable.

DROIT ROMAIN

DE LA

CONDICTIO INDEBITI

On appelle *paiement de l'indu* toute prestation qui serait un paiement si elle correspondait à une dette. L'enrichissement qui en résulte pour le patrimoine de l'*accipiens* ne repose, en cas d'erreur du *solvens,* sur aucune juste cause ; aussi la loi romaine, afin de rétablir l'équilibre conformément au principe *suum cuique tribuere,* accordait-elle à ce dernier une voie de recours appelée *condictio indebiti.* Je me propose d'étudier cette action, au triple point de vue de son origine, de ses conditions d'existence et de son exercice.

Origine et caractères de la « condictio indebiti ».

L'expression *condictio* apparaît pour la première fois dans la terminologie juridique, lors du vote de la loi *Silia* (an 510 de la fondation de Rome), qui, sous le nom de *legis actio per condictionem,* introduisit une nouvelle forme de poursuivre en justice l'exécution de toute obligation ayant pour objet une *certa pecunia.* À quelle nécessité répondait cette innovation ? Il serait aventureux de le préciser, puisque Gaius lui-même ne semble pas pouvoir répondre à la question (1); mais il n'est pas douteux que la nouvelle action n'eut point pour but de remédier à la pénurie des voies de recours, car le *sacramentum* était d'une application absolument générale. Le seul point exactement connu, c'est la formalité essentielle de cette *legis actio* : elle consistait en une *denuntiatio* (2), par laquelle le demandeur appelait son adversaire à comparaître, dans les trente jours, devant le magistrat, pour recevoir un juge. Cette citation était-elle extra-judiciaire, entraînait-elle une *sponsio tertiæ partis* dont le bénéfice revenait à la partie gagnante ? Ç'auraient été là des perfectionnements du *sacramentum* suffisants pour justifier la création de la loi Silia ; mais il n'y a sur ces points que de simples conjectures. Toutefois, un progrès fut à coup sûr réalisé, puisque, bientôt après, la loi Calpurnia (an 520) étendit le bénéfice de la nouvelle action à tous les cas où on réclamait une *res certa* (3).

Elle passe, après la loi Æbutia, dans le système formulaire, en conservant le nom de *condictio* dépourvu désormais de sa signification primitive *(non proprie,* dit Gaius) (4), et vraisemblablement avec son étroitesse d'application. Mais, à l'époque classique, sa portée est bien autrement étendue, non-seulement au point de vue des rapports d'obligation qu'elle sanctionne (quasi-contrats), mais même au point de vue de l'objet qu'elle peut poursuivre *(condictiones incerti).*

Quelles sont les causes et les phases de ce développement ?

Cette question difficile a donné lieu à une synthèse savante, que je résumerai, malgré les objections qui la font généralement écarter.

D'après M. de Savigny (5), la *condictio* a été introduite pour sanctionner le prêt d'argent, pour protéger d'une façon exceptionnelle le *creditum,* c'est-à-dire, l'acte de confiance du prêteur qui transmet sa propriété à l'emprunteur; elle vient remplacer

---

(1) G. 4, 20. — (2) C'est là l'étymologie du mot *condictio (denuntiare, cum dicere).* G. 4, 18. — (3) G. 4, 19. — (4) G. 4, 18. — (5) T. V. p. 501 et suiv.

la revendication perdue. Successivement, elle est appliquée aux cas suivants : lorsque celui à qui la possession a été confiée s'enrichit en s'attribuant de son chef la propriété (1) ; quand le propriétaire transmet sa propriété, non par un acte de confiance, mais par erreur (2) ; lorsque quelqu'un s'enrichit aux dépens d'autrui, sans motif et par une cause accidentelle (3) ; toutes ces hypothèses, ayant pour caractère commun avec le *mutuum*, l'existence d'un *datum* réel ou fictif. Concurremment avec ce développement, la *condictio* est étendue aux obligations naissant de la *stipulatio*, de l'*expensilatio* (4), du legs *per damnationem* (5). C'est qu'en effet les deux premiers contrats servent à produire artificiellement, quand on le veut, les effets naturels du prêt, que tous deux s'analysent en un prêt fictif (6). Quant au legs, il dérive du *nexum*, base de l'ancien testament, l'héritier est considéré comme lié par une *nexi obligatio*, forme ancienne du contrat de prêt. Dans tous ces cas, l'obligation dérive d'une aliénation, qui, réelle ou fictive, rattache ces extensions successives de la *condictio* à l'origine commune, la *mutui datio*. La *condictio ex lege* et la *condictio furtiva* font pourtant exception à la règle : elles n'impliquent pas un transfert de propriété. Mais, au fond, elles confirment bien plutôt la théorie, car, d'une part, les Romains reconnaissent eux-mêmes le caractère exceptionnel de l'attribution au propriétaire volé d'une action personnelle concurremment avec l'action réelle (7), et, d'autre part, l'origine de la *condictio ex lege* suffit pour rendre compte des anomalies qu'on peut signaler dans son application (8).

Tout en reconnaissant que dans bien des cas la *condictio* résulte d'une aliénation et remplace la revendication, M. Accarias (9) conteste l'ensemble de la théorie du romaniste allemand, qui lui paraît reposer sur les hypothèses contestables de l'existence d'un contrat primitif unique et de l'antériorité de la *condictio ex mutuo* à la *condictio ex stipulatu*, et attribuer, en outre, au

---

(1) L. 13, 1 (16.3). — (2) L. 5, 3 (44.7). — (3) L. 23 (12.1). — (4) Arg^t de la l. 1 (33.1). — (5) L. 9, 1 (12.1). — (6) Sav. V, p. 515. — (7) Sav. p. 522. — (8) Sav. p. 524. — (9) T. II, p. 1147, note 3, n° 873.

droit romain une marche trop systématique. Je présenterai quelques considérations à l'appui de cette dernière critique.

Dans l'organisation de la procédure, le droit romain, au moins à l'origine, ne paraît point s'être attaché, pour déterminer le champ d'application des diverses actions, à la cause (et je prends ici ce mot dans son acception romaine) des divers rapports de droit. En effet, le *sacramentum* nous présente une forme unique de procéder, d'une portée absolument générale, s'adaptant à toutes les obligations, malgré leur diversité de cause et d'objet ; quand le législateur, pour soustraire aux inconvénients de cette antique solennité certaines classes d'obligations, introduit des formes nouvelles de procéder, c'est, non par la cause qui engendre le lien de droit, mais par l'objet auquel il tend, qu'il détermine le domaine des nouvelles actions. Si cette assertion n'est que conjecturale en ce qui concerne la *judicis postulatio*, elle est conforme aux faits en ce qui touche la *legis actio per condictionem*. La loi Silia limite, en effet, cette sanction aux obligations ayant pour objet une *certa pecunia*, et quand la loi Calpurnia étend sa portée, elle le fait encore au point de vue de l'objet de l'obligation. Toujours, abstraction complète de la cause génératrice du lien de droit. Or, la théorie de M. de Savigny implique l'exactitude d'une des deux hypothèses suivantes : ou bien, les lois Silia et Calpurnia ont limité à la sanction des obligations naissant du prêt d'argent l'application de la *condictio*, ou bien il n'existait à l'époque où elles ont été rendues qu'un contrat unique dérivant d'une dation, qui pût engendrer une obligation *certæ pecuniæ* ou *certæ rei*. Ces deux hypothèses sont également erronées. Si, en effet, les lois Silia et Calpurnia avaient restreint l'application de la *condictio* à la seule *mutui obligatio*, il aurait fallu, par la suite, des lois spéciales (car à cette époque *nulla actio sine lege*), pour en étendre le bénéfice aux autres contrats, tels que la *stipulatio*, l'*expensilatio....*, qui, sans aucun doute, sont antérieurs à la loi Æbutia (1) ; or, les textes ne nous offrent aucune trace de pareils actes législatifs. D'autre part, l'hypothèse de l'existence

---

(1) Plaute parle en effet du contrat *litteris ; Asin.* II, 4, v. 34.

d'un contrat unique est tout aussi peu plausible, en présence
des textes vagues qu'on invoque, et, d'ailleurs, il faut remarquer
que la loi Pætilia, qui abolit les principaux effets du *nexum*,
est vraisemblablement antérieure (de 429, ou 444, à 510) à la
loi Silia, qui introduisit la *condictio* (1). On peut donc considérer
comme certain que, dès son apparition, cette action sanctionna
les obligations *certæ pecuniæ* dérivant non-seulement du
mutuum, mais encore de la stipulation, du contrat *litteris*, du
legs, et, après la loi Calpurnia, les obligations *certæ rei*
découlant des mêmes sources.

Mais le véritable développement de notre action paraît s'être
opéré sous le système formulaire. On a même fait entrer son
influence pour une part exceptionnelle dans l'organisation de
cette procédure : un texte de Gaius (2) nous indique qu'il fut
inutile, après l'abolition des *legis actiones*, de rédiger des for-
mules *ad fictionem condictionis;* on en a conclu que, déjà,
la *legis actio per condictionem* comportait une instruction
adressée par le préteur au juge, dont on se borna à généraliser
l'usage, en y introduisant certaines modifications. Quoi qu'il en
soit de cette hypothèse, il faut reconnaître l'importance exceptionnelle de notre action dans le nouveau régime. Dès le début,
son champ se trouve élargi par la reconnaissance d'une
obligation civile dans divers cas (3) d'enrichissement sans
cause (4). Le premier en date paraît être le quasi-contrat du
paiement de l'indu, puis, successivement, ceux que sanctionnent
les *condictiones sine causa, ob rem dati, ob turpem vel injustam
causam*, etc.

Cette extension de la *condictio* devait nécessairement en
entraîner une autre, dans un sens différent : son objet ne fut
plus restreint à une *res certa;* on y comprit les *res incertæ*,
même ensuite le *facere*, et la formule de la *condictio*

---

(1) V. Giraud, les *Nexi*. p. 131. — (2) G. 4, 10, 33. — (3) L'enrichissement sans
cause aux dépens d'autrui n'ouvre pas toujours un recours par la *condictio*, G. 2, 79. —
(4) L'origine jurisprudentielle qu'attribuent à ces *condictiones* les expressions des textes
« *Hæc condictio ex bono et æquo introducta....* » l. 66 (12.6) serait peu concevable à
une époque où le principe était : *nulla actio sine lege*.

incerti eut une *intentio* absolument générale : *quidquid dare, facere oportere* (1). Ce développement final, ai-je dit, devait forcément dériver de l'extension de la *condictio* aux quasi-contrats : d'une part, en effet, l'enrichissement sans cause peut résulter non-seulement d'une *datio*, mais encore d'un fait *(novatio)*, auquel cas l'objet de l'action était nécessairement un *incertum ;* d'autre part, le principe *suum cuique tribuere* exigeait que l'*accipiens* de bonne foi ne fût tenu par la *condictio indebiti* que de la restitution de son enrichissement ; or, si le demandeur n'avait eu à son service qu'une *condictio certi*, il aurait trop souvent couru le risque de la *plus petitio* ou de la *minus petitio*.

Quel motif fit reconnaître un lien civil dans des rapports jusqu'alors dénués de sanction ? A la considération d'équité (2) vint-il s'adjoindre un argument d'analogie tiré du *mutuum ?* Je ne vois aucune difficulté à l'admettre, sans adopter pour cela la théorie de M. de Savigny, car ce dernier point de vue n'est pas indispensable pour expliquer comment, le rapport obligatoire ayant été légalement admis dans les divers cas d'enrichissement sans cause, on dut nécessairement leur donner comme sanction la *condictio*. C'est qu'en effet elle constitue, au moins au début du système formulaire, une action de droit commun d'une portée d'application générale (3), et qu'elle est, en outre, la seule applicable aux obligations ayant un caractère unilatéral. C'est ce dernier trait qui relie entre elles les applications successives de la *condictio* (4).

C'est de lui que dérivent toutes les particularités de cette action, renfermées dans la qualification de *stricti juris* que lui donnent les textes, et dont la plus importante est relative à l'admission de la compensation (5). En ajoutant que la *condictio*

---

(1) G. 4, 4. — (2) L. 66 (h. t.). — (3) En ce sens, Savigny, t. V, p. 483. Le caractère de droit commun de la *condictio* est encore confirmé par l'absence de *demonstratio* dans la *condictio certi*, forme originaire de l'action, par l'absence de toute *condictio utilis*, et par l'abus que l'on fit de cette action en en appliquant de bonne heure la qualification à toute action personnelle, soit ancienne « l. 25, pr. (44.7) » soit nouvelle « *condictio ex lege*, l. 1 (13.2) » — (4) Pour la démonstration de cette proposition, V. Accarias. t. II, nº 868 et suiv. — (5) G. 4, 63; *Inst.* 4. 6, 30.

est personnelle et *in jus concepta*, nous pourrons en donner la définition suivante : c'est une action personnelle, civile, et de droit strict (1), fondée sur un contrat ou un quasi-contrat.

Nous venons d'étudier la base et les caractères de la *condictio*, origine de notre action ; quelle est maintenant la base particulière, quels sont les caractères spéciaux de la *condictio indebiti ?*

La seule remarque à faire sur ses caractères, c'est qu'elle peut revêtir la formule *certa* comme la formule *incerta*. Une doctrine peu suivie voudrait cependant la renfermer dans cette dernière forme.

Quelle est la base de notre action ? Tout paiement s'analyse en un double élément intellectuel et un élément matériel : l'intention d'éteindre une dette antérieure, d'où dérive la volonté de transférer la propriété, qui elle-même se manifeste par le fait matériel de la tradition. Or, dans le paiement de l'indu, aucune obligation ne liant le *solvens*, la cause originaire de l'acte fait défaut, il repose uniquement sur l'erreur ; l'enrichissement qu'il procure à l'*accipiens* est donc contraire à l'équité. Le législateur, pour rétablir l'équilibre, aurait pu considérer l'erreur comme faisant disparaître ici tout consentement et déclarer par suite sans effet la tradition accomplie ; le *solvens* eût alors conservé la revendication. Mais telle n'a pas été la doctrine romaine : l'erreur, qui, à l'origine, n'influait peut-être en rien sur les suites de la tradition, donne seulement naissance à notre *condictio*, action personnelle, basée sur l'absence de cause de l'acte juridique, qui rend injuste la conservation par l'*accipiens* du bénéfice réalisé. Tel est le fondement de la *condictio indebiti*, comme l'indique d'ailleurs très-nettement Papinien : « *Hæc condictio ex æquo et bono introducta, quod alterius apud alterum sine causa deprehenditur, revocare consuevit* (2). »

---

(1) **M. Maynz**, (t. II. p. 39), partant de l'idée que l'*actio stricti juris* exclut tout pouvoir arbitraire du juge, a classé la *condictio incerti* parmi les actions de bonne foi ; mais cette doctrine est généralement repoussée. — (2) L. 66 (h. t.).

Conditions d'existence de la " condictio indebiti ".

La définition du paiement de l'indu nous indique trois conditions nécessaires à la naissance de la *condictio* : 1° une prestation accomplie à titre de paiement ; 2° l'inexistence de la dette qu'elle a eu en vue ; 3° l'erreur du *solvens*. — J'étudierai en détail ces trois éléments essentiels.

I.

DU PAIEMENT.

Le paiement, pour employer l'expression consacrée malgré son inexactitude (car le paiement éteint, mais ne crée pas des obligations), doit s'entendre ici dans l'acception la plus large du mot *solutio* : c'est tout acte qui peut être l'objet d'une obligation : « *Solutionis verbum pertinet ad omnem liberationem quoquo modo factam* (1). — *Solvere dicimus, eum, qui fecit quod facere promisit* (2). »

La *condictio* naîtra généralement d'un transfert de propriété ; pourtant, une translation de possession (3), un simple fait (4) peuvent être l'objet d'un paiement et donner lieu à répétition.

Un fragment de Marcien semble, il est vrai, contredire cette dernière assertion. Des *operæ fabriles* ayant été rendues par erreur, il accorde seulement l'action *præscriptis verbis*, pour le motif suivant : « *Quod autem indebitum datur aut ipsum repeti debet, aut tantumdem ex eodem genere : quorum neutro modo operæ repeti possunt* (5). » Mais Celse et Ulpien (6), tout en reconnaissant qu'un fait ne peut être restitué en nature, décident que la répétition aura pour objet la valeur estimative de l'acte accompli. Cette décision peut se concilier avec le texte de Marcien, si on admet que ce jurisconsulte envisageait le fait en lui-même et indépendamment de toute estimation possible. Un autre fragment de lui, la loi 40, § 2, à notre titre, est d'ailleurs conforme à la doctrine d'Ulpien.

---

(1) L. 54 (46.3). — (2) L. 176 (50.16). — (3) L. 15, 1 (h. t.). — (4) L. 26, 12 ; l 40, 2 (h. t.). — (5) L. 25 (19.5). — (6) L. 26, 12 (h. t.).

Enfin, la *condictio* peut résulter d'une simple omission :
telle est celle de l'héritier qui, en ayant le droit, n'a pas exigé
de caution du fidéicommissaire auquel il restituait l'héridité (1).

Mais, en dehors de l'absence de dette, la prestation effectuée
doit offrir tous les autres caractères d'un paiement, notamment :

1° Elle doit être fournie avec l'intention d'éteindre une dette.
Le possesseur de bonne foi, qui a élevé des constructions sur
le terrain d'autrui, a un droit de rétention opposable à la revendication du propriétaire, jusqu'au paiement au choix de ce
dernier de la valeur des matériaux ou de la plus-value procurée
à son fonds (2); mais aucune action n'est accordée contre lui au
possesseur qui aurait négligé de réclamer l'indemnité avant la
restitution du fonds (3). Cujas, il est vrai, lui donne la
condictio (4), parce qu'il a restitué et pour ainsi dire payé
la chose, sans en déduire les impenses. C'est faire là une
confusion sur le caractère de l'action réelle : le défendeur à
la revendication n'exécute pas une obligation vis-à-vis du
demandeur, *quia nullum negotium inter eos contraheretur*, il
ne peut donc être question de paiement et par suite de
condictio ;

2° La prestation doit être faite par une personne ayant la
capacité d'effectuer un paiement, car, à défaut, le transfert de
propriété n'ayant pu s'opérer la revendication subsiste. Celle-ci
peut toutefois être écartée, soit par la consommation de l'objet
payé, soit par l'impossibilité de revenir sur le fait ou de rétablir
l'état de choses dont a bénéficié l'*accipiens*. Il y aura lieu
alors, suivant la bonne ou la mauvaise foi de celui-ci, à une
condictio (5), à l'action *ad exhibendum* (6), ou même à la
revendication (7).

---

(1) L. 39 (h. t.). — (2) L. 38 (6.1). — (3) L. 33 (h. t.). Toutefois Africain lui donnait
une action *negotiorum gestorum utilis*, l. 49 (3.5). — (4) V. Molitor, 2, 239. —
(5) Accarias, t. I, n° 292, 1°; l. 14; l. 19 (12.1). — (6; L. 9, pr. (10.4). — (7) L. 36,
pr. (6.1).

II.

DE L'ABSENCE DE DETTE.

Les textes nous offrent de l'*indebitum* deux définitions, qui, réunies, sont encore incomplètes : « *Indebitum*, dit Paul, *est non tantum, quod omnino non debetur, sed et quod alii debetur, si alii solvatur ; aut, si, id quod alius debeat, alius, quasi ipse debeat, solvat* (1) », et Ulpien « *Indebitum solutum accipimus non solum si omnino non debeatur, sed et si per aliquam exceptionem peti non poterat, id est perpetuam exceptionem* (2) ».

Il y aurait donc *indebitum*, seulement :

1° Quand la dette n'existait pas ; ce que Doneau appelle absence de dette *ex re ;*

2° Quand elle existait, mais entre parties autres que le *solvens* et l'*accipiens*, ou absence de dette *ex personis* ;

3° Quand elle était paralysée par une exception perpétuelle ;

Mais il faut ajouter en quatrième lieu :

4° Quand la dette était conditionnelle.

I. — ABSENCE DE DETTE « EX RE ».

Pour écarter la *condictio*, il suffit qu'il existe une obligation naturelle : tel est le trait caractéristique et le seul point vraiment commun de ces obligations que le droit civil refusait de sanctionner par des voies coercitives. L'exclusion de la *condictio* ne doit point d'ailleurs nous surprendre ici, puisque l'équité elle-même lui était assigné comme fondement : *indebiti soluti condictio naturalis est* (3).

Parmi les obligations naturelles, certaines naissent avec ce caractère, d'autres ne sont que d'anciennes obligations civiles ramenées par un événement postérieur à l'état d'obligations naturelles. Les premières résultent elles-mêmes, soit de l'inobservation des formes dans les contrats, soit de l'incapacité

---

(1) L. 65, 9 (h. t.). — (2) *Fragm. Vat.* § 266. — (3) L. 15, pr. (h. t.).

des contractants, soit de certains rapports de famille entre ces derniers.

I. — Une obligation qu'un vice de forme a empêché de se former civilement rentre dans la classe de simples pactes. On discute encore s'ils donnaient naissance à une obligation naturelle. L'affirmative, malgré les objections qu'on élève contre elle (1), est plus conforme à l'ensemble des textes (2).

L'intérêt de la controverse me paraît d'ailleurs bien restreint, car il est difficile, en dehors du pacte d'intérêts, de trouver une hypothèse où il ne soit pas indifférent de se demander si le pacte engendre ou non une obligation naturelle. Si nous le supposons, en effet, à titre gratuit, la loi Cincia, au moins quand le pacte dépasse le *modus*, annule l'obligation qui aurait pu en naître ; sous le Bas-Empire, au contraire, le pacte sera légitime et sanctionné. S'agit-il d'une convention à titre onéreux : synallagmatique, elle rentrera soit dans les contrats consensuels, soit dans les contrats innommés ; unilatérale, elle devra alors accompagner une dation, c'est-à-dire constituer encore un contrat innommé. Un seul pacte est à part, celui d'intérêts ; il ne pouvait rentrer dans les contrats *do ut des*, puisque les intérêts ne font pas partie de la *res*, élément essentiel du contrat ; l'action qui sanctionnait celui-ci ne fut donc pas étendue à la convention d'intérêts, d'où naissait seulement une obligation naturelle.

II. — Parmi les obligations dérivant de l'incapacité des contractants, il faut citer :

1° Celle de l'esclave, capable de s'obliger naturellement par ses contrats (3) ; la *condictio* lui est refusée quand il les exécute après son affranchissement.

2° L'obligation du pupille, qui, après l'*infantia*, est tenu civilement jusqu'à concurrence de son enrichissement, et naturellement pour le surplus de l'obligation contractée (4).

3° L'obligation du fils de famille, qui tombe sous le coup

---

(1) L. 1, 2 (45.1) ; *Fragm. Vat.*, § 266. — (2) L. 5, 2 (46.3) ; l. 22. C. (4.32). — (3) L. 14 (44.7). — (4) L. 127 (45.1).

du sénatus-consulte macédonien ; la *condictio* lui est refusée lorsqu'il acquitte la dette après être devenu *sui juris* (1).

III. — La troisième catégorie d'obligations naturelles découle de cette idée romaine qu'on ne peut concevoir d'action entre les membres d'une même *domus*. La famille romaine s'identifie toute entière dans la personne du *paterfamilias*, pour assurer d'une manière plus étroite l'autorité du chef et l'union des membres. Cette unité de personne juridique a pour effet de rendre impossible entre eux la formation de tout lien civil d'obligation ; un lien naturel est seul possible, qui empêchera la *condictio*, à la suite d'un paiement fait après la dissolution du lien de puissance (2).

La loi 38, à notre titre, offre une application célèbre de ce principe ; longtemps elle a donné lieu aux controverses les plus vives, qui la firent ranger au nombre des *cruces juris-consultorum*. Je ne m'attarderai pas à les exposer, car, depuis l'explication si claire qu'a donnée de ce texte M. Machelard (3), elles n'offrent plus qu'un intérêt rétrospectif.

IV. — La quatrième classe, formée d'obligations civiles déchues, ne comprend que des types isolés, sans trait commun. En voici quelques exemples :

1° Un mineur de 25 ans obtient la *restitutio in integrum* d'une obligation contractée par lui et qu'un fidéjusseur avait cautionnée ; l'obligation naturelle qui subsiste suffira pour maintenir l'obligation civile du fidéjusseur.

2° Un débiteur institue pour héritier son propre créancier, à la charge de restituer l'hérédité à un tiers. Si l'adition n'a lieu que sur l'ordre du préteur, la confusion qui en résulte aura bien éteint la dette civile, mais en laissant subsister une obligation naturelle (4).

Dans l'ancien droit, l'action d'un créancier pouvait s'éteindre par la péremption d'instance (5), mais une obligation naturelle survivait ; il en est de même, dans tous les cas où la perte de l'action est due à un vice de forme, tel que la *plus petitio*.

---

(1) L. 40, pr. (h. t.). — (2) L. 64 (h. t.). — (3) Des oblig. nat. p. 133 et suiv. — (4) L. 59, pr. (36.1). — (5) L. 30 (9.2).

En résumé, l'obligation naturelle nous apparaît comme une amende honorable du droit civil à l'équité : elle naît, lorsqu'il ne manque, pour créer l'obligation civile, qu'une condition dont le *jus gentium* ne reconnaît pas la nécessité, et survit à la disparition de l'obligation civile, quand elle est opérée par un mode d'extinction que n'admet pas le *jus gentium*.

N'existe-t-il pas encore d'autres obligations naturelles ?

Dans plusieurs hypothèses, les textes refusent la *condictio* à la suite d'une prestation qui n'aurait pu être exigée.

1° Un affranchi ne doit à son patron des *operæ officiales* ou *fabriles* que s'il les lui a promises ; néanmoins, lorsqu'en l'absence de toute promesse il les lui a rendues, aucune *condictio* ne lui est accordée ; *natura debentur*, dit la loi 26, § 12, à notre titre.

2° La mère, à la différence du père et de l'aïeul paternel, ne peut être contrainte à constituer une dot à sa fille (1) ; cependant, si, se croyant tenue, elle a fourni à ce titre quelque chose à sa fille, aucune répétition ne lui sera ouverte, « *sublata enim falsa opinione, relinquitur pietatis causa, ex qua solutum repeti non potest* (2). »

Des auteurs ont vu dans ces hypothèses un simple devoir moral, dont l'accomplissement ne donne point, il est vrai, droit à répétition, mais, uniquement, parce que celle-ci choquerait les bienséances et serait entachée d'immoralité. C'est l'opinion de M. de Savigny (3), qui refuse tout autre effet à de pareils liens moraux. Il faut, avec M. Machelard, rejeter cette classification : nous sommes en effet, ici, en présence d'un refus de la *condictio*, « qui ne peut s'expliquer qu'en disant qu'un paiement était possible et que, dès lors, existait une obligation naturelle (4). » Aussi, d'après le savant professeur, cette obligation pouvait-elle être garantie par une fidéjussion, un constitut et même une hypothèque, comme le confirme la généralité des termes de la loi 7, liv. 46, tit. 3.

Les textes nous montrent encore des hypothèses où la

---

(1) L. *ult.*; l. 14. C. (5.12). — (2) L. 32,2 (h. t.). — (3) T. I, § 12, p. 100. — (4) Oblig. nat. p. 283.

condictio est accordée, lorsque le paiement a été fait par erreur, non lorsqu'il a été fait sciemment; tel est le cas de l'héritier qui pouvant retenir la quarte Pégasienne (1) ou la quarte Falcidie (2) restitue intégralement l'hérédité ou acquitte tous les legs. On ne peut expliquer ce résultat par l'application de la présomption légale de libéralité, qui empêche toute répétition en cas de paiement fait sciemment (3), car les textes considèrent ici la prestation comme l'acquittement d'une obligation librement consentie, et écartent les règles prohibitives des donations : *plerique magis fidem exsolvunt in hunc casum quam donant* (4). Il y a donc paiement ; mais faut-il le considérer comme l'accomplissement d'un devoir moral, ou comme l'exécution d'une obligation naturelle? L'intérêt de la question est considérable, car, si c'est un simple motif d'équité qui fait refuser ici la *condictio*, ce sera le seul effet qu'on devra lui reconnaître; si, au contraire, il existe une obligation naturelle, elle pourra, en outre, être garantie par un cautionnement, un constitut, etc... Les textes sont favorables à la doctrine qui reconnaît dans ces cas une obligation naturelle (5). Je crois pourtant qu'il ne faut pas leur attribuer une généralité absolue, et qu'en outre ce n'est point dans l'*officium pietatis* dû à la volonté du défunt qu'on doit rechercher la cause directe de l'obligation naturelle. Elle n'existe incontestablement pas lorsque le paiement est effectué par erreur, car la *condictio* est permise, et son refus est le *criterium*, le caractère essentiel auquel on reconnaît l'existence de ce lien de droit. A l'inverse, il n'est pas douteux que, si l'héritier exécute en pleine connaissance de cause la volonté entière du défunt, il ne fait point une libéralité, mais un paiement; il est donc tenu, dans ce cas, d'une obligation naturelle. Mais qu'elle en est la source ? Faut-il la chercher dans l'*officium pietatis?* Ce serait dire alors que cette cause, impuissante par elle-même, voit sa force s'accroître quand la volonté de l'héritier vient s'adjoindre à elle. Cette distinction me paraît manquer de base sérieuse, et je préfère attribuer à l'intervention consciente

---

(1) L. 21 ; 1. 68, 1 (36.1). — (2) L. 1, 11 (35.2). — (3) I. 53 (50.17). — (4) L. 5, 15 (24.1). — (5) L. 26, 12 (h. t.); l. 46 (35.2); l. 2. C. (6.42); Paul, *Sent.* 4.3, 4.

de l'héritier lui-même, qui différencie les deux hypothèses, la naissance de l'obligation naturelle. Lorsque celui-ci restitue l'hérédité ou acquitte les legs, sans opérer les rétentions auxquelles il a droit, il intervient, en effet, entre lui et le fidéicommissaire ou le légataire, un pacte au moins tacite de respecter la volonté du défunt. C'est, il me semble, cet accord de volontés qui engendre l'obligation naturelle, à laquelle l'*officium pietatis* servira seulement de cause, écartant ainsi toute idée de libéralité. La loi 2, au Code, liv. 6, tit. 42, me paraît favorable à cette interprétation.

C'est par la même analyse que j'expliquerai encore le refus de la *condictio*, dans le cas où, après avoir prêté serment qu'il ne devait pas, le parjure reconnaissant sa faute aurait le courage de la réparer en acquittant ce qu'il doit réellement.

Après cette digression sur les obligations naturelles, je dois revenir à mon point de départ, l'examen des cas d'*indebitum* tenant à l'inexistence de la dette. — Celle-ci peut provenir de diverses causes.

§ 1. — *La dette n'a jamais existé.*

Le paiement est sans cause, la *condictio* sera nécessairement accordée. Il est toutefois certains cas exceptionnels, où, malgré l'absence de tout lien juridique, le paiement fait par erreur ne peut être répété ; j'aurai à revenir sur ce point.

Voici quelques exemples de cette nature d'*indebitum* :

La dette existait en apparence, mais faisait en réalité complétement défaut. Un héritier, sur la foi d'un testament qu'il croyait valable, a acquitté les legs qui lui étaient imposés ; plus tard, le testament est reconnu *irritum* ou *ruptum*, ou déclaré inofficieux : l'héritier aura la *condictio* contre les légataires auxquels il a délivré les legs (1).

Paul confirme cette décision : « *Prolatis codicillis, quibus ademptum est legatum, perperam soluta repetuntur* (2). » Mais

---

(1) L. 37 (h. t.). — (2) *Sent.* 3.6, 92.

Ulpien semble la contredire formellement ; il dit, d'une façon générale : « *Legatorum perperam solutorum repetitio non est* (1).» Ce désaccord peut s'expliquer en supposant, comme le fait Cujas (2), qu'Ulpien vise seulement ici le legs *per damnationem*, qui une fois payé, même par erreur, ne peut plus être répété.

Même effet, si l'obligation n'avait pas une cause valable *ab initio* : un maître a acheté d'autrui son propre esclave, *suæ rei emptio non valet* (3) ; par suite, l'obligation de payer le prix n'a pu naître, « *nulla obligatio fuit* », dit le texte : s'il a été payé il pourra être répété (4).

§ 2. — *La dette a été éteinte.*

Les modes d'extinction des obligations opèrent, soit *ipso jure*, soit *exceptionis ope*. Les premiers éteignent complétement la dette ; un nouveau paiement ne correspond plus à une obligation, il est sans cause et donne ouverture à la *condictio*. Je citerai comme exemples d'une pareille extinction : le paiement, la *datio in solutum* (du moins dans l'opinion Sabinienne, que Justinien a seule reproduite) (5) , la novation (sauf la discussion relative à la novation conditionnelle), l'acceptilation.

§ 3. — *Le débiteur a payé plus qu'il ne devait.*

La partie de la prestation qui correspondait à l'objet de la dette a été la source d'une libération valable, extinctive d'obligation ; mais l'excédant a été vraiment donné pour payer une dette inexistante et sera sujet à répétition.

J'ai déjà cité l'exemple de l'héritier qui, grevé d'un fidéicommis,

---

(1) *Reg.* 24, 33. — (2) T. IX, *ad tit.* 5. *De cond. ind.* p. 225. — (3) L. 16, pr. (18.1). — (4) On peut considérer encore comme un cas d'*indebitum* provenant de l'existence de la dette celui où l'obligation a une cause illicite, *injusta,* ou honteuse, *turpis ;* la *condictio* prend alors le nom de *condictio ob turpem vel injustam causam.* La cause honteuse, la turpitude, pour nous rapprocher de l'expression romaine, peut exister, soit du côté de l'*accipiens,* la répétition est alors permise « l. 1, 2 (12.5) », soit du côté du *solvens,* elle est dans ce cas absolument refusée « l. 4, pr. (eod. t.) », soit des deux côtés, on applique alors la règle *in pari causa melior est causa possidentis* « l. 8 (eod. t.). » — (5) G. 3, 168 ; *Inst.* 3.29, pr.

restitue plus qu'on ne lui avait imposé de le faire ; il pourra répéter le surplus (1).

J'aurai de même la *condictio*, si en faisant un paiement j'ai négligé d'opérer certaines retenues auxquelles j'avais droit : si, par exemple, après avoir vendu mon fonds en me réservant un droit de passage, je l'ai livré sans avoir fait constituer la servitude ; j'aurai la *condictio, ut iter mihi concedatur* (2).

Débiteur de 100, j'ai livré en paiement un fonds d'une valeur double, croyant devoir pareille somme (3). On pourrait être tenté de décider que la *datio in solutum* ayant éteint la dette, je me trouve dans l'indivision avec mon ancien créancier. Mais l'indivision ne doit être imposée à personne ; aussi, d'après le texte, la dette continue de subsister, et le *solvens* aura la *condictio* pour obtenir que l'*accipiens* lui retransfère la propriété du fonds. Celui-ci pourra, toutefois, s'y refuser, jusqu'au paiement intégral de la dette.

Étant débiteur d'un esclave *in genere*, j'ai cru devoir Stichus, qui est d'un grand prix, et je l'ai livré. J'ai payé plus qu'il n'était dû, car il suffisait, pour me libérer, de donner un esclave susceptible d'être affranchi (4). La répétition doit donc m'être accordée, comme le décide Julien (5). Pourtant Celse la refuse (6) ; mais c'est qu'il se place dans l'hypothèse où l'obligation dérive d'un legs *per damnationem*, cas exceptionnel où le paiement indu ne peut être répété.

§ 4. — *Le débiteur a payé autre chose que ce qu'il devait.*

Pas de difficulté à admettre la répétition, puisque le paiement manque de cause (7).

J'ai promis 10 ou Stichus ; je paie 5, puis-je les répéter ? Cela revient à savoir si le paiement partiel est ou non libératoire. Ulpien décide, avec Celsus et Marcellus (8), qu'il n'y a pas libération, même pour moitié ; tout dépend du paiement postérieur que j'effectuerai : en payant de nouveau 5, je serai défini-

---

(1) **L.** 40, 1 (h. t.). — (2) **L.** 22 (h. t); l. 8 (19.1). — (3) **L.** 26, 4 (h. t.). — (4) **L.** 72, 6 (46.3). — (5) **L.** 32, 3 (h. t.). — (6) **L.** 19 (*de legatis.* 2°). — (7) **L.** 19, 3 (h. t.). — (8) **L.** 26, 13 (h. t.).

tivement dégagé ; si, au contraire, je livre Stichus, je pourrai réclamer le premier paiement. Une controverse s'élevait toutefois sur ce dernier point, entre les Sabiniens et les Proculiens ; je la retrouverai en parlant de l'objet de la *condictio*.

La loi 63, à notre titre, nous présente une hypothèse tout à fait exceptionnelle, où le débiteur, en payant autre chose que ce qu'il devait, n'est point libéré, bien qu'il ne puisse cependant exercer la répétition. J'avais promis un esclave, je livre un *statuliber* ; je ne serai pas libéré, *quod non in plenum hominum fecerim*, je ne peux non plus répéter, *quod debitum dederim*. La loi 92, § 1, liv. 46, tit. 3, contredit, il est vrai, formellement cette solution, et déclare libéré le débiteur tenu de donner un esclave, qui a livré un *statuliber*. Pour expliquer cette contradiction, il faut remarquer que la loi 92, § 1, comme d'ailleurs la loi 9, § 2, liv. 40, tit. 7, qui donne la même solution, supposent toutes deux que l'esclave *in conditione* a été affranchi par un autre que le débiteur : celui-ci est alors libéré par l'application de la règle *debitor certæ rei interitu rei liberatur* ; on peut supposer que, dans la loi 63, l'affranchissement conditionnel émane du débiteur lui-même.

II. — ABSENCE DE DETTE PAR RAPPORT AUX PERSONNES.

Pour qu'un paiement soit valable, il faut que le véritable débiteur ait le pouvoir et la volonté de payer au véritable créancier capable de recevoir. J'examinerai donc ses effets lorsque l'un quelconque de ces éléments fait défaut.

§ 1. — *Paiement fait à un incapable ou par un incapable.*

I. — Le paiement fait à un incapable produit les mêmes effets, au point de vue du droit d'action, qu'il émane d'un véritable débiteur, ou d'une personne qui n'était pas tenue envers lui. J'ai déjà examiné le premier cas. De même, ici, le transfert de propriété aura lieu, mais le *solvens* ne pourra réclamer au pupille de bonne foi que le montant de son enrichissement. Gaius (1) nous apprend même que, de son temps, on

---

(1) G. 3, 91.

accordait contre lui la *condictio indebiti*, parce que l'obligation ne naissant pas ici *ex contractu*, la question de savoir si l'obligé était ou non capable de consentir devait être indifférente. Justinien (1) décide au contraire que le pupille ne sera tenu de la *condictio* que comme il le serait en cas de *mutuum*, et il en donne comme motif la considération invoquée par Gaius pour justifier la solution contraire : « *Sed hæc species obligationis non videtur ex contractu consistere, cum is qui solvendi animo dat, magis distrahere voluit negotium quam contrahere.* » Il n'y a évidemment là qu'une maladresse de compilateur.

Cette solution de Justinien est préférable à celle de Gaius, car, ainsi que le fait remarquer M. Vernet (2), « le pupille ne pouvant recevoir un paiement *sine tutoris auctoritate*, celui qui se croyait débiteur est en faute d'avoir opéré le paiement, sans exiger que le pupille fût autorisé. »

Le *solvens* n'aura donc qu'une *condictio sine causa*, fondée sur l'enrichissement injuste de son patrimoine. Quel intérêt y a-t-il alors à refuser la *condictio indebiti*, puisque celle-ci n'autorise la répétition, même à l'égard d'une personne capable, que dans la limite même où le *solvens* devra l'exercer contre le pupille à l'aide de la *condictio sine causa?* M. Machelard a trouvé un intérêt à cette décision : « L'*accipiens*, dit-il, est tenu, en principe, à raison du paiement qu'il a reçu, sauf à lui à prouver qu'il ne s'est pas enrichi. Le pupille, au contraire, n'est pas tenu à cause de cette circonstance qu'il a reçu quelque chose, mais uniquement s'il a conservé tout ou partie de ce qui lui a été livré, de sorte que c'est au demandeur qu'incombe la charge de prouver qu'il y a lieu à une action contre le pupille (3 et 4). »

---

(1) *Inst.* 3.14, 1. — (2) Textes choisis sur la théorie des oblig. p. 62. — (3) **Des** oblig. nat. p. 221, note 1.

(4) Justinien (*Inst.* 3.14, 1; 3.17, 6), assimile la *condictio indebiti* à la *condictio ex mutuo*. Cette proposition n'est vraie que lorsque ces actions sont exercées contre un pupille. A part ce cas, il existe plusieurs différences entre elles :

1º Le paiement de l'indu, à la différence du *mutuum*, n'implique pas absolument une dation. L. 26, 2; l. 31; l. 39 (h. t.).

2º Le *mutuum* engendre une *condictio certi*; la *condictio indebiti* sera très-souvent *incerta*. L. 22, 1 (h. t.).

La controverse que Gaius nous signale à propos du pupille divisait aussi les jurisconsultes au sujet de la femme en tutelle (1). Gaius la soumettait à la *condictio indebiti*, et cette solution, quoique critiquée (2), me parait conforme aux principes.

II. — Quand un incapable paie son créancier, sans y être autorisé, le transfert de propriété ne peut s'opérer, et le pupille conserve la revendication, tant que l'objet payé subsiste. La consommation par le créancier, si elle est faite de bonne foi, entraînera la libération du débiteur ; si elle a lieu de mauvaise foi, elle donnera à celui-ci l'action *ad exhibendum*. Les solutions sont les mêmes lorsque le pupille aura payé l'indu. Toutefois, comme il n'y a pas ici de dette à éteindre, la consommation de bonne foi par l'*accipiens* donnera naissance contre lui à une *condictio sine causa*, laquelle, comme le fait remarquer M. Accarias (3), ne sera point restreinte au profit qu'il a réalisé.

§ 2. — *Paiement fait à un autre qu'au créancier*

Au créancier il faut assimiler tous ses représentants réguliers : tuteur, curateur (sauf la *restitutio in integrum*), *adjectus solutionis gratia*, créanciers corréaux, mandataire chargé de recevoir, gérant d'affaires (sauf ratification), *adstipulator*, etc... *Quod jussu alterius solvitur pro eo est quasi ipsi solutum esset* (4).

Paul (5) examine le cas où un paiement a été fait à un *falsus procurator*, c'est-à-dire, à une personne se présentant comme mandataire du créancier, bien que sans pouvoir réel de lui. Deux hypothèses sont à distinguer :

1° Le *solvens* n'était tenu d'aucune obligation. Il aura la *condictio*, contre le *dominus* lui-même, s'il a ratifié le paiement; à défaut, contre le *falsus procurator ;*

2° Le *solvens* était débiteur. De nouvelles distinctions sont

---

3° La *condictio indebiti* peut être plus étroite que la *condictio ex mutuo*, par exemple, lorsqu'elle est exercée contre un *accipiens* de bonne foi; mais elle est, d'autre part, plus large, puisqu'elle embrasse la répétition des fruits et des accessoires de la *res*.

(1) G. 2, 84. — (2) Acc. II, p. 594, note 1 ; n° 661. — (3) T. II, p. 593, n. 1. — (4) L. 180 (50.17). — (5) L. 14 (12.4).

nécessaires : dans le cas où il y a eu ratification de la part du *dominus*, le paiement est validé, *rati enim habitio mandato comparatur* (1) ; peu importe que le *solvens* ait connu ou ignoré le défaut de pouvoir de l'*accipiens*. Mais ce point de vue n'est pas indifférent, lorsque aucune ratification n'est intervenue. En effet, le paiement est-il fait sciemment, le *solvens* ne peut exercer de répétition, avant que le *dominus* se soit prononcé, et, s'il refuse la ratification, une action sera bien accordée contre le *falsus procurator*, mais seulement une *condictio ob rem dati*, car le *solvens* a payé en vue de la ratification du créancier, c'est-à-dire, de la libération que l'*accipiens* se chargeait de lui procurer, ce qui constitue les éléments d'un contrat innommé *do ut facias*. Si, au contraire, le paiement a été fait dans l'ignorance du défaut de mandat, le *solvens* aura, même avant que le maitre ait ratifié, la *condictio indebiti* contre le *procurator* (2), et la mauvaise foi de ce dernier pourra donner ouverture aux actions qui naissent du vol (3).

Mais il peut se faire que le mandat ayant été révoqué, le débiteur paie au mandataire ; quel sera dans ce cas l'effet du paiement ? Il éteindra la dette, dans tous les cas, répondent les textes (4), mais non pas toujours avec la même force. Si l'*accipiens* a reçu l'objet, avec l'intention de le remettre au *dominus*, le transfert de propriété s'opérera et la dette sera éteinte *ipso jure*. Si, au contraire, l'*accipiens* a eu l'intention de s'approprier l'objet, le *solvens* ne sera pas dépouillé de sa propriété, et pourra exercer contre l'*accipiens* la revendication et la *condictio furtiva*, mais en restant tenu vis-à-vis du créancier. Toutefois, si ce dernier intente contre lui l'action de sa créance, il pourra la repousser, en lui offrant de lui céder la *condictio* née à son profit contre le mandataire (5).

Pour terminer ce paragraphe, j'examinerai encore l'effet des paiements reçus par un possesseur de bonne foi ou de mauvaise foi de la créance.

---

(1) L. 12, 4 (46.3). — (2) L. 58, pr. (46.3). C'est aussi, je crois, l'hypothèse de la L. 8. C. (4.5). — (3) L. 80, 6 (47.2); l. 14 (12.4). — (4) L. 26, 1 (17.1). — (5) L. 3, 12 (24.1); l. 38, 1 (36.3).

La loi 55, à notre titre, prévoit trois situations différentes :

1° Un possesseur de mauvaise foi loue une maison et en touche les loyers; le paiement libère le locataire, qui a payé de bonne foi et à son créancier; bien plus, les fruits que le possesseur n'aurait pu, d'après le droit commun, faire siens, lui sont ici acquis par l'intermédiaire du locataire, dont la bonne foi purge le vice de sa possession (1);

2° Un esclave, possédé de mauvaise foi, loue lui-même ses services et en remet ensuite le prix au *prœdo, ut domino*. Le texte décide laconiquement : *non fiet accipientis pecunia*. Cette solution est une conséquence du principe que le *prœdo* n'acquiert point *ex operis servi* (2) ; la *merces* appartient au maître de l'esclave, car il l'a acquise par le seul fait de sa remise à ce dernier, qui n'a pu l'aliéner valablement au profit du *prœdo* (3). On ne comprendrait d'ailleurs pas que le *solvens* de bonne foi ne fût pas valablement libéré.

La fin du texte : *Quod ergo dici solet prœdoni fructus posse condici, tunc locum habet cum domini fructus fuerunt,* ne peut évidemment se rapporter qu'à notre hypothèse, et nous montre que l'action donnée au maître de l'esclave sera une *condictio*. Or, la *condictio furtiva* est la seule qui puisse appartenir au propriétaire de l'objet réclamé. Les mots *ut domino* impliquent, ce me semble, une erreur de l'esclave, provoquée, sans doute, par des manœuvres dolosives du *prœdo*, d'où dériverait le *furtum* ;

3° Une maison a été louée par le véritable propriétaire, mais c'est un *prœdo* qui en touche les loyers : *ob indebitum ei tenebitur, qui non est liberatus solvendo,* dit le texte. Le locataire, n'ayant pas payé son créancier, reste tenu de l'action *locati*, mais aura contre l'*accipiens* la *condictio indebiti*.

J'arrive maintenant au cas où le paiement est fait à un possesseur de bonne foi.

Ulpien (4), se plaçant dans l'hypothèse de la possession de bonne foi d'une hérédité, fait les distinctions suivantes : si le

---

(1) L. 22, 2 (13.7). — (2) Acc. T. I, n° 299. — (3) *Inst.* 2.9, 3. — (4) L. 26, 11 (h. t.).

possesseur défend à la *petitio hereditatis*, le *solvens* pourra répéter seulement ce qu'il a payé au delà de la dette, car, pour ce qui était dû réellement, l'héritier réel, par sa demande actuellement pendante, en obtiendra la restitution intégrale ou partïelle, qui libérera de plein droit, dans ces proportions, le *solvens;* celui-ci n'eût rien obtenu de plus, si on lui avait accordé une action. Le possesseur ne défend-il pas à la *petitio*, le *solvens* pourra alors lui réclamer tout ce qu'il a payé. Mais, dans les deux hypothèses, le débiteur reste tenu vis-à-vis de l'héritier réel par l'action même de la créance. Les textes (1) disent, en effet, qu'il est libéré *ipso jure*, par le paiement fait à l'héritier par l'*accipiens, de ce qu'il a reçu.* Jusqu'à cette restitution, le débiteur reste donc tenu, et on ne peut voir, il me semble, *a priori*, dans le fait par l'héritier d'intenter la *petitio*, une ratification du paiement qu'il ignore peut-être, ratification qui le priverait de toute action contre le débiteur originaire. Toutefois, s'il s'agissait d'un paiement fait à une personne que le *solvens* croyait être mandataire du créancier, on pourrait interprêter comme une ratification le fait par ce dernier d'intenter contre elle l'action *mandati directa*.

§ 3. — *Paiement fait par un autre que le débiteur.*

Pomponius formule ainsi le principe de la répétition : « *Quamvis enim debitum sibi quis recipiat, tamen, si is qui dat non debitum dat, repetitio competit* (2). » Mais cet axiome est formellement contredit par Paul, en ces termes : « *Repetitio nulla est, ab eo qui suum recepit, tametsi ab alio quam vero debitore solutum est* (3). »

Cujas a proposé de cette antinomie l'explication suivante. Dans le texte de Pomponius, le *solvens* aurait effectué le paiement en son propre nom : comme il n'y a alors aucune corrélation entre la dette et la prestation accomplie, le paiement n'a pu éteindre aucune obligation, et le *solvens* exercera la *condictio*. Le texte de Paul, au contraire, résoudrait l'hypothèse où le paiement a été fait au nom du véritable débiteur : il a,

---

(1) L. 34, 9 (46.3); l. 25, 17; l. 31, 5 (5.3). — (2) L. 19, 1 (h. t.). — (3) L. 44 (h. t.).

dans ce cas, éteint une dette, et la *condictio* sera refusée. Je me rallierai à cette explication (1).

Le principe de la loi 19, § 1, est encore contredit par un texte du Code (2). Prévoyant la même hypothèse d'un héritier apparent de bonne foi qui paie des créanciers héréditaires, cette constitution n'admet aucune répétition contre ceux *qui suum receperunt*. On a, pour expliquer ces décisions contradictoires, prétendu que la législation aurait varié entre la rédaction du texte de Pomponius et la constitution de Carracalla. Mais la loi 31, liv. 5, tit. 3, s'oppose à cette interprétation : bien postérieure au règne de cet empereur, puisqu'elle émane d'Ulpien, elle confirme pourtant la décision de Pomponius (3).

Les deux textes ci-dessus peuvent, je crois, se concilier dogmatiquement. Les jurisconsultes accordent la *condictio indebiti* au possesseur, non-seulement quand il a payé l'indu, c'est-à-dire, ce que l'héritier réel ne devait pas (4), mais même lorsqu'il a payé de véritables créanciers héréditaires (5) ; c'était là, je crois, le principe général. Mais, d'autre part, le sénatus-consulte Juventien offrait au possesseur un secours autrement efficace que la *condictio*, pour rentrer dans ses déboursés, lorsque l'héritier réel intentait contre lui la *petitio hereditatis*. Il lui permettait, en effet, de retenir sur le montant total de l'hérédité, les sommes payées aux créanciers héréditaires, même aux légataires apparents, sauf à céder à l'héritier la *condictio indebiti* que celui-ci exercerait à ses risques et périls (6). Toutefois, cette cession ne confère pas à l'héritier le droit de répéter ce que les créanciers héréditaires ont reçu, puisqu'il devrait immédiatement leur rembourser pareille somme; elle lui donne seulement une exception, pour repousser toute

---

(1) On a encore donné l'explication suivante. Paul aurait prévu dans la loi 44, l'hypothèse déjà réglementée par la loi 12, liv. 46, tit. 2 : elle suppose que le *solvens* s'est laissé déléguer, par une personne envers laquelle il se croyait tenu, à un créancier véritable de celle-ci. Il ne peut, dans ce cas, répéter le paiement par lui fait au délégataire ; mais une *condictio* lui est accordée contre le délégant, soit pour se faire décharger de son obligation, soit pour répéter l'équivalent de ce qu'il a payé. — (2) L. 5. C. (3.31). — (3) Voir encore en ce sens l. 5. C. (4.5); l. 17 (5.3). — (4) Mêmes textes. — (5) L. 31, (5.8). — (6) L. 17, *in fine* (5.3).

demande de leur part. Il est donc vrai, *en fait*, de dire : *repeti a creditoribus, qui suum receperunt, non potest.* C'est là, je crois, la seule signification de la loi 5, à laquelle je n'attribue pas une portée trop générale.

III. — DETTE PARALYSÉE PAR UNE EXCEPTION.

L'exception est un moyen de défense qui consiste, sans contredire directement la prétention du demandeur, à élever contre elle un droit indépendant qui la paralyse. Si elle n'assure pas au débiteur, comme un mode d'extinction *ipso jure*, la disparition immédiate du lien juridique, elle lui procure, au fond, les mêmes avantages, et c'est pourquoi Paul nous dit : « *Creditor autem is est qui exceptione perpetua summoveri non potest* (1) ». En réalité, le débiteur n'est plus tenu, sa dette est éteinte, et, s'il a payé, la *condictio indebiti* lui sera accordée (2).

Toutefois, ce n'est point là un résultat absolument général. Les exceptions temporaires ne jouent, en effet, par rapport à l'action, que le rôle du terme dans l'obligation ; or, le paiement d'une obligation à terme ne donne pas ouverture à la *condictio* (3). Les exceptions perpétuelles seules peuvent donc légitimer la répétition. Mais la simple possibilité de l'existence d'une pareille exception au profit du *solvens* suffit pour lui permettre de répéter ce qu'il a payé par erreur : c'est ce qui arrive lorsque la nature de l'exception est incertaine, a un caractère conditionnel, comme dans l'exemple cité par Papinien à la loi 56, à notre titre.

Enfin, l'exception, à raison même du fondement que les jurisconsultes assignent à la *condictio*, ne doit point être contraire à l'équité, c'est-à-dire, laisser subsister une obligation naturelle (4). Celle-ci est évidemment exclue par toute exception introduite dans l'intérêt du créancier (5).

---

(1) L. 55 ,40.16). — (2) L. 26, 3 (h. t.). — (3) L. 10 (h. t.) — (4) L. 66 (50.17).—
,5) J'ai déjà signalé comme exception de ce genre celle découlant du sénatus-consulte Macédonien. Je citerai encore l'exception *quatenus locupletior facere potest*, appelée fréquemment *bénéfice de compétence*, qui procurait à certains débiteurs la faveur de n'être condamnés à payer leurs dettes que dans la limite de leur fortune. Bien qu'absous pour le surplus, ils n'en restaient pas moins tenus, jusqu'à concurrence, d'une obligation naturelle, et ne pouvaient par suite répéter le paiement fait ultérieurement, même en cas d'erreur.

En résumé, l'existence d'une exception au profit du *solvens* autorise de sa part la *condictio*, lorsque cette exception, introduite pour le protéger, était ou pouvait être perpétuelle.

L'exception la plus importante qui remplisse toutes ces conditions est celle de dol. Elle consiste à prétendre que, bien que la demande intentée soit justifiée en droit, néanmoins, l'équité s'oppose à la condamnation du défendeur. Elle ne se conçoit, par suite, qu'en l'absence de toute obligation naturelle.

Ulpien nous en offre un exemple (1). Un débiteur a payé à l'héritier de son créancier le montant de sa dette, ignorant que ce dernier lui a légué sa libération. Le legs n'étant pas un mode d'extinction des obligations, le lien civil subsiste ; mais le débiteur peut agir, *ex testamento,* pour obtenir sa libération et a, en outre, une exception de dol pour repousser la demande de l'héritier. C'est grâce à cette dernière qu'il pourra répéter ce qu'il a payé par erreur.

On oppose à cette décision un autre texte d'Ulpien, qui, au premier abord, semble la contredire (2). On a légué à un *paterfamilias* la libération d'une dette contractée par son fils ; le légataire devra être libéré par un pacte *de non petendo in personam.* Julien lui assimile le mari à qui sa femme, après le divorce, a légué la libération de la dot, et leur refuse à tous deux la *condictio indebiti,* si dans l'ignorance du legs ils ont acquitté leur dette. Ulpien, au contraire, accorde la *condictio* au père, « *nondum enim erat debitor* », et la refuse au mari, « *quod debitum solvit* ». Pourquoi cette distinction ? Puisque le mari a une exception de dol, on devrait lui appliquer le principe de la loi 26, § 7. Cujas a concilié ces deux textes. Dans le premier, le légataire a payé après la mort du testateur, c'est-à-dire après sa libération ; c'est pourquoi on lui accorde la *condictio.* Dans la loi 5, § 2, au contraire, le mari aurait payé après le divorce, mais du vivant de la femme, à une époque où sa libération demeurait sans valeur ; on lui refuse donc la *condictio.*

L'application de l'exception de dol à la compensation peut

---

(1) L. 26, 7 (h. t.). — (2) L. 5, 2 (34.3).

encore donner lieu à la *condictio indebiti*. Ce mode d'extinction ne fut opposable, dans les actions de droit strict, que depuis Marc-Aurèle, et seulement par l'insertion d'une exception de dol dans la formule (1). Si le débiteur avait payé sans se prévaloir de l'extinction, on lui donnait la *condictio*, comme à celui qui paie bien que protégé par une exception perpétuelle. C'est en ce sens qu'il faut interpréter ce texte d'Ulpien : « *Si quis compensare potens solverit, condicere poterit quasi indebito soluto* (2). »

On a prétendu que Justinien aurait modifié cette théorie, vraie d'ailleurs à l'époque classique, en attribuant à la compensation l'effet d'éteindre *ipso jure* les obligations. C'est là une erreur de Cujas et de Pothier, qui, malgré l'avis contraire de Doneau et de Vinnius, a prévalu lors de la rédaction de notre Code civil, où elle figure dans l'article 1290.

Parmi les exceptions pouvant légitimer la *condictio*, je citerai encore : l'exception *pacti conventi* (3), l'exception *jurisjurandi* (4), celles du sénatus-consulte Velléien et de la loi Cincia. — Quelques mots sur ces deux dernières :

Le sénatus-consulte Velléien interdit aux femmes de s'obliger pour autrui, d'intercéder, et la nullité qui en découle est tellement absolue que la femme ne reste même pas tenue naturellement : *totam obligationem senatus improbat* (5). Elle peut repousser l'action du créancier par une exception perpétuelle, et, si elle a payé par erreur, elle exercera la répétition.

La loi Cincia n'annulait pas de plein droit les libéralités qui dépassaient le *modus legitimus* fixé par elle ; elle rendait seulement plus difficile la réalisation de l'acte de donation, et ne reconnaissait l'intention de donner chez le *tradens* que lorsque sa volonté s'était manifestée par un dessaisissement plein et entier. S'il était encore nanti, l'exception *legis Cinciæ* permettait au donateur de repousser l'action du donataire, et, s'il payait par erreur, il pouvait exercer la *condictio indebiti* (6).

---

(1) *Inst.* 4. 6, 30. — (2) L. 10, 1 (16.2). — (3) L. 40,2 (h. t.). — (4) L. 43 (h. t.). — (5) L. 16, *in fine* (16.1). — (6) *Fragm. Vat.* § 266, *in fine*.

IV. — DETTE AFFECTÉE D'UNE MODALITÉ.

De la condition.

La condition est un événement futur et incertain qui suspend l'existence même de l'obligation. Dans le présent, l'engagement conditionnel ne produit que des effets très-restreints : il permet au créancier de prendre des mesures conservatoires et est transmissible aux héritiers; mais, en dehors de là, il ne constitue qu'une simple expectative « *spes est tantum debitum iri* (1) ». Si donc le débiteur conditionnel paie, avant que la condition se soit réalisée, il acquittera une dette dont il n'était pas encore tenu et pourra exercer la *condictio indebiti* (2).

Ce principe certain donnait pourtant lieu à des difficultés d'application. Paul nous en signale une très-intéressante, dans la loi 60, § 1, à notre titre. Elle prévoit deux hypothèses.

Sur la première, le texte s'exprime ainsi : « Certains jurisconsultes pensent que lorsqu'un débiteur pur et simple a promis, par la formule de la novation (3), le même objet conditionnellement, le paiement fait (par erreur), avant l'arrivée de la condition, peut être répété, car on ne sait, à ce moment, quelle promesse il acquitte. » Les jurisconsultes en question appartenaient à l'école Sabinienne. D'après eux, la stipulation conditionnelle n'éteignait la dette pure et simple qu'à l'instant même de l'arrivée de la condition, laissant, en cas de défaillance, subsister l'obligation primitive, « *durat prior obligatio* » (4). Toutefois, cette dernière, par le fait de la stipulation conditionelle, se trouvait affectée elle-même de la modalité, puisque, jusqu'à l'arrivée ou à la défaillance de la condition, on ne pouvait savoir si l'obligation primitive subsisterait ou serait rétroactivement éteinte. Aussi les Sabiniens accordaient-ils au débiteur qui payait par erreur, *pendente conditione*, la *condictio indebiti*, comme au débiteur d'une dette purement conditionnelle (5).

---

(1) *Inst.* 3. 15, 4. — (2) L. 16 (h. t.). — (3) M. Gide (de la Novation, p. 155 et p. 164) fait remarquer qu'on ne saurait traduire les mots *novandi causa* par ceux *avec l'intention de nover*. — (4) G. 3, 179. — (5) En ce sens encore l. 36 (12.1).

Dans la deuxième hypothèse, il s'agit d'une personne qui promet conditionnellement, *animo novandi*, l'objet dû purement et simplement par une autre. Les Sabiniens accordent ici encore la *condictio*, si le paiement a eu lieu *pendente conditione*.

La doctrine Sabinienne était critiquée par une école ayant pour chef *Servius Sulpicius*. Partant, sans doute, de l'idée que l'effet extinctif de la stipulation, faite *novandi causa*, doit être indépendant de sa valeur au point de vue de la formation d'une nouvelle obligation, il soutenait que la stipulation conditionnelle suffit pour opérer immédiatement novation de l'obligation antérieure (1). Cette opinion avait, il est vrai, été repoussée, mais elle eut pour résultat de faire accepter des tempéraments d'équité. Les Sabiniens admirent, en effet, au moins dans le cas où la stipulation conditionnelle avait lieu *inter easdem personas*, que le débiteur pourrait, en cas de défaillance de la condition, repousser, par une exception *pacti conventi*, l'action originaire du créancier (2).

On a vu, dans notre loi, une critique dirigée par le jurisconsulte Paul contre ce tempérament, admis par les Sabiniens eux-mêmes. Après avoir exposé les deux hypothèses ci-dessus, il combat l'identité de solution : « *Hoc dissimile est,* » dit-il, en parlant du cas où la stipulation conditionnelle a lieu *inter easdem personas*, « *in stipulatione enim pura et conditionali eumdem debiturum certum est.* » Paul refuse donc la *condictio*, parce que, dit-on, il admettait la survie de l'obligation pure et simple, en cas de défaillance de la condition.

Je ne puis croire, pour ma part, qu'à une époque où le droit romain tendait à se dégager de plus en plus de l'élément formaliste, Paul ait voulu réagir isolément (3), et exagérer encore la rigueur de la solution Sabinienne. N'est-il pas plus vraisemblable qu'il a voulu en critiquer le principe même, en montrant à quel résultat peu équitable aboutit logiquement son application? Quoiqu'il en soit, l'argument qu'il invoque me

---

(1) Bufnoir. De la condition, p. 260 et suiv. — (2) G. 3. 179. — (3) Ulpien adopte en effet l'opinion contraire. L. 18 (h. t.).

rappelle le fameux sabre destiné à défendre la constitution, et, au besoin, à la combattre.

La loi 58, à notre titre, donne aussi lieu à des difficultés d'interprétation. Papinien suppose qu'un testateur a grevé son héritier d'un fidéicommis, au profit d'un esclave affranchi par son testament, mais à la condition que la liberté lui sera bien acquise en vertu de cette disposition même. L'héritier acquitte la libéralité, sans l'intervention du juge, puis le légataire est reconnu ingénu ; le texte accorde contre lui la répétition de la somme payée.

Cette décision a été critiquée par Accurse, comme contraire aux principes. A l'origine, en effet, les jurisconsultes étaient d'accord, pour admettre que les conditions impossibles devaient être réputées non écrites dans les dispositions testamentaires. Plus tard, à partir au moins de Proculus (1), ses disciples soutinrent qu'il fallait, sur ce point, donner les mêmes solutions qu'en matière de contrats ; mais l'opinion ancienne, défendue par les Sabiniens, continua à prévaloir (2). C'est pourquoi, Accurse, considérant la condition imposée dans la loi 58 au fidéicommis comme impossible, concluait que le bénéfice de la libéralité aurait dû être irrévocablement acquis au légataire, contre lequel la *condictio* devait être refusée.

Cujas a prétendu, au contraire, qu'il n'y a pas ici une condition impossible, parce que le fait impossible est celui qui est absurde, dont l'impossibilité est permanente. Si un fait possible cesse plus tard de l'être, il y a seulement défaillance de la condition, et la libéralité est annulée. Or, ici, l'événement est futur, il est incertain, il a tous les caractères d'une véritable condition ; sa défaillance entraîne donc la caducité du legs et autorise par suite la répétition du paiement fait par erreur.

Mais, en envisageant ainsi la disposition testamentaire de la loi 58, Cujas est en opposition avec la manière de voir des jurisconsultes romains. Ceux-ci étaient divisés au sujet de l'effet d'une condition apposée par le *de cujus* à une libéralité et défaillie au moment même de la disposition. Les Sabiniens,

---

(1) L. 58 (35.1). — (2) L. 3 ; l. 6, 1 (35.1).

l'assimilant à une condition impossible, la déclaraient non écrite; les Proculiens, la considérant comme une condition casuelle défaillie, admettaient, au contraire, la caducité de la disposition (1). Mais la doctrine Sabinienne paraît avoir prévalu (2). Dans la loi 58, il s'agit bien d'une condition défaillie à l'instant même où le *de cujus* dispose, elle doit donc être réputée non écrite, ce qui entraînerait, contrairement à la solution de Cujas, le refus de la *condictio indebiti*.

Une autre explication a été proposée par ce même jurisconsulte. La décision de la loi 58 ne serait que l'application d'un sénatus-consulte, rappelé dans la loi 1, au Code, liv. 7, tit. 54, prescrivant que l'affranchi, postérieurement reconnu ingénu, devrait restituer à son patron tout ce qu'il aurait reçu de lui, même les legs, d'après la jurisprudence.

Sans négliger la valeur de cette explication, on peut, je crois, essayer de justifier par les seuls principes la solution de la loi 58. Si nous recherchons quelle a été l'intention du *de cujus* en apposant au fidéicommis la condition *si ad libertatem ex testamento pervenerit*, il est facile de reconnaître que c'est afin de subordonner le bénéfice de la libéralité à l'acquisition par son héritier des droits de patronnage sur le légataire. Le testateur a donc voulu que le legs soit caduc, si le légataire est reconnu ingénu, ou s'il reçoit la liberté d'un autre que son maître. En d'autres termes, le legs est subordonné : 1° à une condition apparente négative ; 2° à une condition casuelle aussi négative. Or, l'événement prouve que la condition apparente était défaillie au moment même de la disposition ; le bénéfice n'en a donc jamais été acquis au légataire, qui ayant reçu l'indu sera exposé à la *condictio indebiti*. Cette analyse, en écartant ici tout idée de condition impossible, justifie par le seul jeu des principes la solution de Papinien.

---

(1) L. 6, 1 (35.1). — (2) L. 72, 7 (35.1). Cette théorie n'a trait qu'à des faits se rapportant à l'avenir, car lorsque le testateur a subordonné sa libéralité à l'existence d'un fait actuellement accompli ou défailli, mais sur lequel plane encore l'incertitude, dès cet instant le legs est caduc ou produit son effet : l'incertitude sur son existence n'a d'autre conséquence que de retarder, jusqu'à sa vérification, l'exercice du droit du légataire ou de celui de l'héritier.

3

Du terme.

Le terme, à la différence de la condition, ne suspend que l'exigibilité de l'obligation (1). Quand il y a terme, dit Gaius (2), *certum est debitum iri, licet post tempus petatur.* Le débiteur qui paie avant terme ne paie donc que ce qu'il doit, et la *condictio indebiti* lui est refusée (3). Ceci peut paraître rigoureux, car celui qui paie avant terme paie plus qu'il ne doit, puisqu'il livre à la fois le capital dû et la jouissance qui lui appartenait jusqu'à l'échéance du terme. Et cela est si vrai, que les textes avouent eux-mêmes que payer après terme c'est payer moins (4), et que, d'autre part, on faisait succomber par la *plus petitio tempore* le créancier qui agissait avant l'échéance (5). Cependant, en matière de *condictio indebiti*, le principe que je viens de formuler était poussé si loin qu'on refusait au débiteur la répétition de l'*inter usurium*, c'est-à-dire, de l'équivalent de la jouissance (6).

Cette théorie recevait exception dans certaines hypothèses de terme incertain. Celui-ci était, dans les testaments, assimilé à une condition et pouvait aussi, dans les contrats, déguiser une véritable condition : en ce cas, le paiement était sujet à répétition, s'il avait été effectué avant l'échéance. C'est d'un pareil terme qu'il s'agit, je crois, dans la loi 16, § 1, à notre titre, et c'est pourquoi la *condictio* est accordée par *a contrario* du texte, si le paiement a eu lieu avant l'arrivée du terme. Cette interprétation, proposée par M. de Savigny (7), me paraît préférable à la correction que Cujas faisait subir au texte, en y ajoutant la négation *non* avant le mot *existente.*

III.

DE L'ERREUR.

L'erreur est une notion contraire à la vérité ; elle peut exister dans l'esprit de l'*accipiens*, comme dans celui du *solvens*, et produit dans les deux cas des effets importants.

---

(1) *Inst.* 3, 15, 2. — (2) G. 3, 124ᵃ. — (3) L. 10 (h. t.). — (4) *Inst.* 3, 20, 5. — (5) G. 4, 53. — (6) L. 10; l. 17; l. 18 (h. t.). — (7) Sav. t. III, p. 218.

ERREUR DU SOLVENS.

Toute prestation, accomplie par une personne au profit d'une autre, a pour but, soit de réaliser un paiement ou une donation, soit de faire naître une créance : *solvere, donare, credere.* En l'absence de tout lien antérieur d'obligation, il fallait attribuer pour cause au paiement indu, ou une intention contractuelle, ou une intention de libéralité. C'est cette dernière que présume la loi romaine. Elle oblige le *solvens,* pour faire tomber cette présomption, à faire la preuve de son erreur ; à défaut, toute répétition lui est en principe refusée « *cujus per errorem dati repetitio est, ejus consulto dati donatio est* (1) ».

Mais ce n'est point là une présomption *juris et de jure* : elle peut tomber devant le refus par l'*accipiens* de prêter le serment à lui déféré par le *solvens* (2) ; de même, ce dernier est admis à prouver que la prestation avait pour but de faire naître un contrat innommé, et, s'il y réussit, il répétera, non par la *condictio indebiti*, mais par la *condictio sine causa* ou *ob rem dati* (3).

La loi 50, à notre titre, ne contredit point cette proposition. Une personne a sciemment payé l'indu, mais avec l'intention d'exercer plus tard la répétition. Pomponius lui refuse toute action. Est-ce parce que la présomption de libéralité n'admet pas la preuve contraire ? Les textes que je viens de citer lui refusent nettement cette force. Je crois plutôt qu'il y a seulement dans la loi 50 une application de la maxime « *malitiis non est indulgendum* » ou de celle « *errantibus non stultis succurri solet* (4) ».

En dehors de ces hypothèses, l'erreur du *solvens* est nécessaire pour lui acquérir la *condictio,* mais elle produit cet effet moins par elle-même, par sa force propre, que par le défaut de cause qu'elle engendre. Ce dernier est la véritable base de l'action, parce qu'il entraîne l'absence d'intention de libéralité, qui, en dehors de tout lien d'obligation, aurait suffi pour justifier la prestation.

---

(1) L. 53 (50.17). — (2) L. 25, 3 (22.3). — (3) L. 2, *pr.* (h. t.). — (4) L. 9, 5 (22.6).

L'erreur doit porter sur l'existence même de l'obligation, sur une cause telle que, si elle eût existé, il en fût résulté au moins une obligation naturelle à la charge du *solvens*. L'erreur sur le motif seul du paiement est insuffisante pour engendrer la *condictio*. J'ai gratifié une personne envers laquelle je me croyais redevable d'un service ; plus tard, je reconnais mon erreur : j'ai donné *ob falsam causam*, par suite *repetitio ejus pecuniæ non sit* (1). C'est qu'en effet je savais n'être point obligé, j'ai voulu faire une libéralité, mon erreur a porté sur le motif, non sur la cause de la prestation (2).

Le simple doute du *solvens* sur l'existence de la dette autorise-t-il la répétition du paiement fait dans cet état d'esprit? La question était controversée. Certains jurisconsultes, assimilant ici le paiement à une transaction, refusaient la *condictio* ; mais Justinien (3) l'accorde, hormis le cas où les deux parties auraient voulu faire une véritable transaction.

L'erreur de droit peut-elle, comme l'erreur de fait, servir de base à la *condictio*? — Plusieurs systèmes ont été formulés sur cette question.

D'après Gluck (4), l'erreur de fait engendre toujours la *condictio*, à moins qu'elle ne soit inexcusable, car *nec stultis solere succurri, sed errantibus* (5). Si l'erreur repose sur une *ignorantia juris*, plusieurs distinctions sont nécessaires. Quand le *solvens* a seulement négligé de réaliser un gain, comme dans l'hypothèse de la loi 9 , § 5 , *item et illa pars.*, la répétition lui est refusée, lors même qu'il serait au nombre des personnes privilégiées énumérées dans ce texte de Paul. Le *solvens* éprouve-t-il au contraire une perte positive, il aura la *condictio*, si d'ailleurs il est au nombre des personnes privilégiées (6).

Le système d'interprétation de nos anciens commentateurs était encore plus compliqué. Cujas donne une signification particulière aux divers termes employés par les textes : *prodest, non nocet, permissum est*, et admet pour chacune de ces expressions

---

(1) L. 52 (h. t.). — (2) Voir aussi l. 65, 2 (h. t.). — (3) L. 11. C. (h. t.). — (4) Cité par Molitor, t. II, p. 243. — (5) L. 9, 5 (22.6). — (6) A l'appui, on invoque les lois 9, *pr.* (22.6); 10. C. (1.18); 7. C. (4.5); 9. C. (6.49).

des solutions différentes. Doneau permet d'invoquer l'erreur
de droit, dans le cas seulement où la perte n'est qu'imminente,
damnum rei amittendæ, non lorsqu'elle est déjà accomplie,
damnum rei amissæ. Ces théories prenaient surtout pour base
les lois 7 et 8, au titre *de juris et facti ignorantia*.

M. de Savigny (1) part d'un autre principe. Toute erreur,
pour procurer au *solvens* le bénéfice de la *condictio*, doit, d'après
lui, être excusable ; mais l'erreur de fait est traitée plus favorablement que l'erreur de droit. Celle-ci élève contre le *solvens*
une présomption de négligence : outre l'erreur, il devra
prouver encore son excusabilité. Au contraire, l'erreur de fait
est par elle-même supposée excusable : c'est à l'*accipiens* à
prouver qu'il y a eu négligence de la part de son adversaire.
Enfin, l'erreur de droit sera, *a priori*, excusable lorsqu'elle
émanera de certaines personnes privilégiées : mineurs, femmes,
soldats, etc. — Mais il est deux fragments, les lois 7 et 8,
liv. 22, tit. 6, qui ne cadrent pas avec cette théorie ; aussi
M. de Savigny soutient qu'ils ont été par erreur insérés au
Digeste avec une portée générale, après avoir été maladroite-
ment détachés, par les compilateurs, du texte primitif qui devait
se rapporter seulement aux femmes, *quibus jus ignorare permissum est*.

La doctrine que je viens d'exposer n'est certainement plus
exacte à partir de Dioclétien, car les constitutions postérieures
refusent la *condictio indebiti* dans l'hypothèse d'une erreur de
droit (2). *Quid* à l'époque classique ? Les textes sont sur ce
point à la fois obscurs et contradictoires ; cependant ils me
paraissent s'accorder pour admettre que l'erreur, pour autoriser
la répétition, doit dans tous les cas être excusable. Et je
crois, d'autre part, que l'erreur de droit n'était pas traitée
moins favorablement que l'erreur de fait, et que le juge n'était
lié par aucune présomption dans l'appréciation des faits pouvant justifier l'erreur. Nous voyons, en effet, la loi 1, liv. 36,
tit. 3, décider que la *condictio* sera accordée *benigne*, c'est-à-
dire, par faveur, vu les circonstances. Il faut, toutefois, remar-

---

(1) T. III, p. 415. — (2) LL. 6 et 10. C. (1.18); LL. 6 et 7. C. (4.5).

quer que, dans le cas d'une erreur de droit, l'existence d'une obligation naturelle mettra souvent obstacle à la répétition ; la loi 64, à notre titre, nous en fournit un exemple, et c'est peut-être grâce à ce point de vue qu'on pourrait coordonner avec la théorie générale certains textes embarrassants (1).

ERREUR DE L'ACCIPIENS.

Aucun texte n'exige, pour l'exercice de la *condictio indebiti*, la bonne foi de l'*accipiens*; néanmoins, M. de Vangerow la considère comme une quatrième condition ; d'après la loi 18, liv. 13, tit. 1, « *quoniam furtum sit, quum quis indebitos nummos sciens acceperit* », c'est la *condictio furtiva* qui devrait être exercée dans le cas de mauvaise foi de l'*accipiens*.

Cette théorie va à l'encontre de tous les principes. — Le vol exige une *contrectatio fraudulosa*; or, celle-ci n'est possible que sur un objet corporel, comme le prouve la nécessité où l'on fut d'inventer un délit spécial pour l'appréhension dolosive d'une hérédité (*crimen expilatæ hereditatis*) (2), le paiement indu pouvant résulter d'une acceptilation, d'une promesse, manque donc parfois de cet élément constitutif du *furtum*. — Lorsque le paiement aura pour objet une chose corporelle, la tradition intervenue entre le *solvens* et l'*accipiens* opérera sans aucun doute le transfert de propriété, malgré la simple mauvaise foi de ce dernier; par suite, il ne saurait commettre un *furtum*, puisque « *rei nostræ furtum facere non possumus* (3) ». — Enfin, l'auteur du dol ne peut être traité plus sévèrement que l'auteur de la violence ; or, Ulpien nous dit : *Qui vim intulit..., fur non est ; quamvis qui vi rapuit fur improbior esse videatur* (4). »

Mais M. de Vangerow soutient que, lorsque l'*accipiens* connaît la nullité de la cause en vertu de laquelle s'opère la tradition, il ne suffit plus, pour opérer le transfert de propriété, qu'il y ait concours de l'*animus transferendi* et de l'*animus acquirendi*. Dans notre hypothèse, l'*accipiens* connaissant l'*inde-bitum* ne pourrait acquérir *pro soluto*, mais seulement comme

---

(1) Entre autres les lois 7 et 8 (22.6). — (2) M. Appleton, à son cours. — (3) Paul, *Sent.* 2.31, 21. — (4) L. 14, 12 (4.2).

un *prœdo*, ou *ut fur sine omni causa*. C'est là confondre la *justa causa*, c'est-à-dire, l'intention réciproque d'aliéner et d'acquérir, avec le motif qui la détermine. Or, Ulpien, il est vrai, a montré une tendance à tenir compte de ce dernier élément (1), mais il est fort douteux que sa doctrine fût généralement admise (2). La théorie ci-dessus ne tendrait d'ailleurs à rien moins qu'à ériger le dol, en matière de transport de propriété, comme cause de nullité absolue qui empêcherait le contrat de se former.

A la vérité, toutefois, dans certains cas exceptionnels, l'*accipiens* de mauvaise foi pourra être considéré comme ayant commis un *furtum*. C'est ce qui arrivera : 1° s'il s'est présenté faussement comme véritable propriétaire de la créance ; 2° si, usurpant la qualité de mandataire du créancier, il se présente en son nom pour recevoir, mais dans le but de détourner la chose à son profit. Dans ces deux cas, la propriété n'est pas transférée, il peut y avoir *furtum*. Les textes confirment, d'ailleurs, et notre solution, et ces distinctions (3).

Quant à la loi 18, on peut, je crois, sans en forcer le texte, admettre qu'elle vise un des cas exceptionnels où la *condictio furtiva* prend naissance.

La mauvaise foi de l'*accipiens* peut avoir d'autres effets notables que j'examinerai à propos de l'objet de la *condictio*.

APPENDICE. — RÈGLES SPÉCIALES.

Malgré le concours des trois conditions que j'ai énumérées, la *condictio* est, dans certains cas, refusée au *solvens*. Bien que les commentateurs en aient traité sous la rubrique « *Nulla causa solutionis* », ces divers cas ne sont pas, à proprement parler, exceptionnels ; le refus de la *condictio* tient à ce qu'en dernière analyse le paiement avait une cause valable, mais peu apparente et d'une appréciation souvent difficile.

Ce qui a été payé à titre de peine ne peut être réclamé (4) ; en d'autres termes, dès que la peine est réellement due au

---

(1) L. 35 (41.1); l. 18 (12.1). — (2) Voir notamment en sens contraire l. 36 (41.1). — (3) L. 43, *in princ.*, l. 52, 16 (47.2); l. 38, 1 (46.3); l. 14 (12.4). — (4) L. 42 (h. t.).

moment où on l'acquitte, la restitution n'en pourra être obtenue, malgré son effacement par suite, soit d'un événement postérieur (1), soit du fait du débiteur (2), soit d'une *restitutio in integrum* (3). Mais si la faute n'a pas été commise, le paiement fait par erreur à titre de peine pourra être répété ; c'est ce qui a lieu lorsqu'après avoir succombé sur l'action *furti* le défendeur est plus tard reconnu innocent (4).

On ne peut non plus répéter ce qui a été payé à titre de transaction, bien que le droit invoqué par le demandeur soit plus tard reconnu imaginaire (5) : le paiement a eu en effet une cause valable, le *solvens* ne voulait pas seulement s'acquitter d'une dette peut-être inexistante, mais surtout éteindre le sujet d'une contestation. Au contraire, le paiement serait vraiment sans cause, si le *solvens* croyait en payant exécuter une transaction qui n'a jamais existé (6), ou qui est nulle (7).

Enfin, la *condictio* est refusée quand le paiement a eu lieu en vertu d'une des causes *quæ inficiatione duplantur*.

On a voulu justifier cette décision en considérant le paiement comme effectué en conséquence d'une transaction tacite qui serait intervenue entre les parties. Mais, d'une part, la transaction nécessite des sacrifices réciproques, et, ici, ils émanent tous d'une seule partie ; d'autre part, les textes supposent que le *solvens* se croyait réellement obligé, et non pas qu'il doutait seulement de l'existence de la dette (car Paul déclare que la transaction n'est pas admise dans une semblable hypothèse) (8) ; or, dans un tel état d'esprit, l'intention de transiger ne se comprendrait pas.

Une explication de cette particularité a été donnée dans l'enseignement de cette faculté (9) : si le *solvens* ne peut répéter le paiement, c'est que celui-ci a été en réalité pour lui une véritable cause de bénéfice. Que serait-il advenu s'il avait refusé de payer ? Son adversaire, après avoir introduit l'action,

---

(1) L. 3, 14 (43.5). — (2) L. 35 (h. t.). — (3) L. *unic*, 2 (48.14). — (4) L. 23, 4 (h. t.). — (5) L. 65, 1 (h. t.). — (6) L. 23 (h. t.). — (7) L. 32. C. (2.4). — (8) *Sent.* 1.19, 2. — (9) M. Appleton, à son cours.

lui eût déféré le serment, et, comme il se croyait tenu de la
dette, le défendeur, à moins d'un parjure (or, *nemo creditur
turpitudinem suam allegans)*, aurait été condamné au double,
et le paiement fait ensuite aurait eu le caractère d'irrévocabilité.
En payant le simple, le *solvens* a évité la condamnation; peut-il
critiquer un acte qui lui a valu un bénéfice ?

Paul (1) nous indique les cas dans lesquels la dette croissait
au double par suite d'une dénégation. L'énumération qu'il en
fait paraît bien être limitative :

.1° L'action *judicati*, qui se donne en cas de contestation sur
la validité ou l'existence même du jugement.

Jamais le défendeur qui paie la condamnation encourue ne
peut ensuite exercer une répétition, en offrant de prouver qu'il
a été condamné injustement : la sentence, même contraire à
l'équité, constitue une juste cause de paiement. Mais la *condictio*
sera refusée, en vertu du principe formulé par Paul, lorsque le
paiement a été fait en vertu d'une sentence nulle, ou par un
solvens qui se croyait tenu d'une condamnation, alors qu'aucun
jugement n'était intervenu contre lui (2).

Un texte d'Ulpien (3) paraît contraire à cette dernière proposition, et exiger, comme le soutient Pothier (4), l'existence
d'une condamnation, pour admettre le refus de la *condictio*;
mais Ulpien se place dans l'hypothèse d'un compromis, et la
solution qu'il donne ne peut être étendue par analogie au cas
de *judicatum*, le seul qui engendre une action croissant au
double en cas d'*inficiatio.*

Toutefois, il y a de véritables cas exceptionnels où la répétition est permise, malgré l'existence de l'action *judicati*. La
loi 2, liv. 12, tit. 7, nous en fournit un exemple : l'exception
dérive ici des règles spéciales aux contrats de bonne foi. Les
textes admettent encore la *condictio* lorsque la sentence a été
rescindée par une *restitutio in integrum*. Les parties doivent
alors être rétablies dans l'état ancien du droit, ce qui entraîne
l'anéantissement de toutes les conséquences de l'acte rescindé (5),

---

(1) *Sent.* 1.19, 1. — (2) 36 (10.2). — (3) L. 26, 10 (h. t.). — (4) Pothier, *ad tit.
de cond. ind.* 11.29. — (5) L. 7, 4 (4.4); l. 4. C. (7.43).

en tenant compte, toutefois, de la spécialité de la *restitutio* (1).

2° L'action *depensi*, donnée au *sponsor* contre le débiteur principal dont il a payé la dette (2).

3° L'action *depositi*, qui, donnée d'abord au double contre tout dépositaire infidèle, fut ramenée au simple par le droit prétorien, sauf pour le cas de dépôt nécessaire (3).

4° L'action *ex testamento* sanctionnant le legs *per damnationem* (4). Justinien, après avoir aboli cet effet pénal pour le legs en général, le transporta à toutes les dispositions, *quæ sacrosanctis ecclesiis et ceteris venerabilibus locis relicta sunt* (5).

5° Enfin l'action *legis Aquiliæ* (6).

La loi 63, à notre titre, nous offre encore un exemple de refus de la *condictio*, malgré la réunion de ses trois conditions d'existence. Il montre à quel degré de subtilité pouvait descendre parfois le remarquable esprit d'analyse des jurisconsultes romains.

De l'exercice de la « condictio indebiti ».

L'étude des règles applicables à l'exercice même de la *condictio* peut porter sur les parties qui y figurent, sur son objet, sur les preuves à fournir.

§ 1. — Du demandeur.

La *condictio* appartient en principe au *solvens* lui-même ; toutefois, le *paterfamilias* pouvait l'exercer quand elle était née du fait d'une personne placée sous sa puissance. Dans tout autre cas, longtemps la loi romaine, en n'admettant pas la représentation dans les actes juridiques, refusa l'exercice de l'action à celui qui en définitive devait en recueillir le bénéfice, lorsque le paiement indu avait été effectué par le *solvens* pour le compte d'une autre personne. Mais des tempéraments à la théorie ancienne furent successivement introduits par le droit

---

(1) Voir un des effets de ce caractère dans la l. 67, 4 (h. t.). — (2) G. 3, 127. — (3) Paul, *Sent.* 2.12, 11. — (4) G. 2, 283. — (5) L. 46, 7. C. (1.3). — (6) L. 2, 1 (9.2).

prétorien, pour le *cognitor*, *l'institor*, et l'acquisition de la possession... En dernier lieu, on arriva, sans doute par analogie avec le *mutuum*, à donner la *condictio* contre l'*accipiens* à celui au nom duquel le paiement indu avait été fait (1). Mais il faut pour cela que le mandant ait donné l'ordre formel d'effectuer le paiement, ou qu'il l'ait ratifié, car c'est là un acte qui dépasse les pouvoirs ordinaires du mandataire (2). La loi 67, § 1, fait l'application de ces principes au cas de tutelle.

La *condictio indebiti* est parfois donnée utilement à certaines personnes qui ne pourraient l'exercer suivant les règles. Les lois 2, § 1, 53 et 61, à notre titre, nous en offrent plusieurs exemples. Je citerai seulement celui du premier de ces textes. L'héritier apparent, qui paie avec les ressources de l'héridité, n'agit pas comme mandataire de l'héritier véritable, mais bien comme propriétaire : c'est donc à lui seul que devrait appartenir la *condictio* en cas d'*indebitum* ; cependant on admit, à l'époque d'Adrien, que l'action serait, indépendamment de toute cession, donnée directement au *verus heres*, afin d'éviter ainsi un circuit d'actions.

Quand le paiement émane d'un fidéjusseur, Celse (3) fait la distinction suivante. A-t-il payé au nom du *dominus* ? celui-ci acquiert la *condictio*, en dehors de toute ratification, car, par le seul fait du cautionnement, il est censé avoir donné mandat au fidéjusseur de payer en son nom. Ce dernier a-t-il payé *proprio nomine* ? c'est lui qui devra exercer la répétition.

La *condictio indebiti*, comme toute action *rei persecutoria*, se transmet activement et passivement aux héritiers (4).

§ 2. — *Du défendeur.*

En principe, la *condictio indebiti* doit s'exercer contre celui qui a reçu le paiement indu, abstraction faite du point de savoir qui en a profité (5). Les rapports de mandant à mandataire sont régis ici par les principes déjà expliqués au sujet du

(1) L. 57, 1 (h. t.). — (2) L. 6, 2 (h. t.). — (3) L. 47 (h. t.). — (4) L. 12 (h. t.) — (5) L. 49 (h. t.).

demandeur. La loi 6, à notre titre, les expose avec une clarté parfaite. Je me bornerai à citer deux applications :

1° Le mandataire du créancier reçoit du débiteur une somme supérieure à la dette qu'il était chargé de toucher : la répétition de l'excédant sera exercée contre lui, car il a excédé son mandat et touché à ses risques et périls. Si, au contraire, il a reçu mandat de toucher une somme plus forte que la dette réelle, la *condictio* sera exercée contre le créancier, qui est censé avoir reçu lui-même le paiement indu ; c'est pourquoi l'action intentée d'abord contre le mandataire n'empêcherait pas d'agir ensuite contre le mandant (1).

2° Une personne se croyant à tort obligée envers une autre se laisse déléguer par elle. Si le délégant était lui-même obligé envers le délégataire, ce dernier aura une action contre le délégué, lequel pourra lui-même exercer contre le délégant la *condictio indebiti, certi,* si le paiement a déjà été effectué, *incerti,* dans le cas contraire, car elle ne tendra qu'à obtenir la libération de l'obligation contractée (2). Si le délégant a agi, *animo donandi,* la *condictio* pourra être exercée par le délégué même contre le délégataire (3).

§ 3. — *De l'objet de la* condictio indebiti.

Le but de notre action est de réparer le préjudice causé par le paiement indu. Elle aura donc pour objet, soit la chose même qui a été payée, soit son équivalent (4). Pas de difficultés, si la prestation a été d'un corps certain ou d'une quantité. S'agit-il d'un fait accompli au profit de l'*accipiens ?* on l'appréciera en argent, et c'est l'estimation qui sera remboursée. Le paiement a-t-il consisté dans la création ou l'extinction d'une obligation ? la *condictio* tendra à obtenir la reconstitution du lien ancien ou l'anéantissement du lien nouveau par une acceptilation.

Quand le débiteur d'une dette alternative a, par erreur, payé à la fois les deux objets, peut-il répéter l'un d'eux à son choix,

---

(1) L. 57, 1 (h. t.). — (2) L. 12 (46.2). — (3) L. 2, 3 (39.5). — (4) L. 7 (h. t.).

ou doit-il subir l'option de l'ex-créancier? Cette dernière solution s'impose, lorsque la convention originaire attribuait le choix au créancier. Dans le cas contraire, les Proculiens (1), considérant ce dernier comme actuellement tenu d'une obligation alternative, lui accordaient le choix suivant le droit commun (2); les Sabiniens décidaient inversement que, dans une matière d'équité comme la nôtre, il fallait autant que possible rétablir l'ancien état de droit, en conservant le choix au débiteur originaire. Justinien adopte cette dernière solution (3).

La *condictio*, ai-je dit, est donnée au *solvens* pour rétablir l'équilibre injustement rompu entre les deux patrimoines. L'application de ce principe conduit à des résultats bien différents suivant que l'*accipiens* a été de bonne ou de mauvaise foi. Dans le premier cas, on ne peut lui reprocher aucune faute, et, dès lors, l'équité sera satisfaite s'il restitue ce dont il s'est enrichi. Sa mauvaise foi, le constituant au contraire en état de dol, le rendrait, dès le paiement, responsable sans restriction de l'objet qu'il a reçu (4).

Les restitutions auxquelles aboutira la *condictio* peuvent se référer à l'objet même du paiement, à ses accessoires, aux fruits et intérêts qu'il a produits.

Objet du paiement. — Le principe formulé conduit aux conséquences suivantes :

J'ai, par erreur, fourni l'habitation à une personne de bonne foi; elle me restituera seulement la somme qu'elle aurait déboursée pour se loger ailleurs; si elle a été de mauvaise foi, je lui réclamerai le loyer intégral que j'aurais pu retirer de ma maison (5).

La chose payée indûment est vendue par l'*accipiens* de bonne foi : il sera libéré par la restitution du prix, eût-il même vendu l'objet au-dessous de sa valeur.

Des impenses ont été faites par l'*accipiens*. S'il était de bonne foi, on devra l'indemniser, dans tous les cas; à cet effet un droit de rétention lui est accordé sur l'objet reçu. S'il était de

---

(1) L. 26, 13 (h. t.). — (2) L. 10, 6 (23.3). — (3) L. 10. C. (h. t.). — (4) L. 65,8 (h. t.). — (5) L. 65, 7 (h. t.).

mauvaise foi, il ne peut, et seulement depuis Gordien, que retenir les impenses nécessaires (1).

L'*accipiens* de bonne foi peut être même exempt de toute restitution, en vertu du principe ci-dessus : par exemple, s'il a mis hors du commerce (2), ou livré *animo donandi*, l'objet qui lui a été indûment payé.

Sa bonne foi peut même devenir pour lui la source d'un bénéfice réel. Il pourra, en effet, si l'objet payé n'appartenait pas au *solvens*, en usucaper la propriété ; non pas, à vrai dire, au titre *pro soluto*, puisque la dette n'existant pas il faudrait admettre contrairement à l'opinion reçue (3) que le titre putatif équivaut au titre réel, mais au titre *pro suo*, qui, particulièrement, sert à qualifier la possession, lorsqu'il est impossible de la rattacher à un titre muni d'un nom technique (4).

Fruits et accessoires. — Dans tous les cas, la restitution des fruits et accessoires s'impose à l'*accipiens*. On a voulu dispenser celui de bonne foi de la restitution des fruits, par le motif que le possesseur de bonne foi les fait siens. Ce n'est point à ce titre, remarquons-le, que l'*accipiens* acquiert les fruits, mais en vertu de son droit de propriété sur la chose qui les produit. Aussi en devient-il propriétaire, même quand il est de mauvaise foi, et s'il doit, dans tous les cas, les restituer, c'est parce qu'ils constituent à son profit un enrichissement injuste. — Il faut comprendre dans la restitution, non-seulement les fruits perçus depuis le jour de la demande, mais tous ceux qui ont été perçus. Le demandeur réclame en effet un objet qui figurait dans son patrimoine (5). Mais, tandis que l'*accipiens* de mauvaise foi devra restituer tous les fruits, celui de bonne foi ne sera tenu de les rendre que dans la limite de son enrichissement. Si à sa bonne foi primitive a succédé la mauvaise foi, on appliquera distributivement aux deux périodes les règles de calcul que je viens d'indiquer (6).

Intérêts. — Les intérêts ne pourront jamais être réclamés ; le caractère de droit strict de la *condictio indebiti* s'oppose,

---

en effet, à ce qu'on puisse y prétendre : « *Actione enim condictionis ea sola quantitas repetitur quæ indebita soluta est ; usuras autem ejus summæ præstari tibi frustra desideras* (1). »

§. 4. — *De la preuve.*

Actori incumbit probatio. Que doit-il prouver ? Nous avons dégagé trois éléments dans la *condictio indebiti* : le paiement, l'*indebitum*, l'erreur. Le *solvens* devra-t-il, dans tous les cas, faire la preuve de ces trois conditions ?

Il n'est pas douteux qu'il ne doive prouver le paiement : c'est le fait d'où est née sa créance.

En principe, la preuve de l'*indebitum* est aussi à sa charge, car le paiement établit en faveur de l'*accipiens* une présomption d'existence de la dette (2). Il semble, toutefois, que cette preuve soit impossible, puisqu'il s'agit ici d'un fait négatif. Mais ce n'est point un fait négatif indéfini : il ne s'agit pas, en effet, de démontrer qu'aucune cause d'obligation n'existait entre le *solvens* et l'*accipiens* ; il suffira que la cause indiquée par ce dernier pour justifier le paiement soit reconnue inexistante.

Le *solvens* peut même être dispensé de prouver l'*indebitum*. Paul nous indique trois cas, dans la loi 25, liv. 22, tit. 3 : 1° lorsque le défendeur aura nié avoir reçu ; il devra prouver lui-même sa qualité de créancier, car, en niant le fait du paiement, il a renoncé à la présomption qui en naissait en sa faveur ; 2° lorsque le paiement a été fait par un pupille, une femme ou toute autre personne ignorant les affaires « *forensium rerum expers, vel alias simplicitate gaudens* »; 3° enfin lorsque la *condictio* a pour objet un billet non causé que le demandeur prétend avoir indûment signé ; ce sera au défendeur à prouver que le billet a une cause licite.

La preuve de l'erreur incombe encore en principe au demandeur ; mais il est facile de comprendre qu'elle résultera souvent de la preuve des deux conditions précédentes, car les libéralités

---

(1) L. 1. C. (4.5). — (2) L. 25, *pr.* (22.3).

ne se présument pas, tandis que nous voyons certains textes admettre la présomption d'une erreur (1). Cette présomption devait être assez facilement admise en faveur du *solvens*, quand il s'agissait d'une erreur de fait; pour l'erreur de droit, comme les lois sont réputées connues, c'était à celui qui l'invoquait à en faire la preuve.

(1) L. 1. C. (4.5).

DROIT FRANÇAIS

EXPLICATION

DE LA

LOI DES 27-28 FÉVRIER 1880

Le Code civil, rédigé à une époque où les valeurs mobilières n'entraient que pour une bien faible part dans la composition de la fortune publique, s'est, en général, borné à régler la condition des meubles corporels, et ses dispositions, empreintes de l'autorité alors constante du vieux brocard aujourd'hui si erroné « *vilia mobilia* », ont été, par la suite, fréquemment étendues au mobilier incorporel. Cette généralisation n'a pas toujours suffi à combler les lacunes des textes et, parfois, a produit des résultats fâcheux.

La matière de la tutelle réclamait en particulier un complément législatif, depuis l'accroissement imprévu des valeurs mobilières. La loi du 24 mars 1806, le décret du 25 septembre 1813 et l'ordonnance du 29 avril 1839 avaient déjà amélioré la situation ; mais elle présentait encore, pour les intérêts de l'incapable, des inconvénients sérieux, et la jurisprudence en

4

avait récemment dégagé de graves (1). La loi des 27-28 février 1880 a eu pour but d'y porter remède.

Je me propose d'en donner ici le commentaire, précédé d'un exposé sommaire de la législation antérieure.

Législation antérieure à 1880.

L'ancien droit, qui semble n'avoir pas toujours précisé bien nettement l'étendue des pouvoirs du tuteur, lui attribuait du moins le droit de faire seul les actes d'administration, au nombre desquels on rangeait la vente et l'achat des choses mobilières (2), la cession des dettes actives du mineur (3), etc.

Le Code civil, après avoir, dans l'article 450, attribué au tuteur l'administration des biens du mineur, détermine dans les articles 452 à 467 l'étendue de ses pouvoirs et de ses obligations. Aucun de ces textes ne s'applique spécialement aux valeurs mobilières ; c'est la doctrine et la jurisprudence qui des principes du Code ont déduit les attributions du tuteur relativement aux meubles incorporels.

L'exposé de cette théorie comporte deux points principaux : l'aliénation du mobilier, l'emploi des capitaux. Je bornerai à eux mon exposé rétrospectif, pour le circonscrire dans le champ même de la loi nouvelle.

I.

ALIÉNATION DU MOBILIER.

L'article 452 du Code civil est ainsi conçu : « *Dans le mois qui suivra la clôture de l'inventaire, le tuteur fera vendre, en présence du subrogé-tuteur, aux enchères reçues par un officier public, et après des affiches et publications dont le procès-verbal de vente fera mention, tous les meubles autres que ceux que le conseil de famille l'aurait autorisé à conserver en nature.* »

---

(1) Cass., 4 août 1873. (Sir., 73, 1, 441.)

(2) Pothier, *Traité des personnes*, 1re partie, tit. VI, sect. IV, art. 3, § 2. — *Procédure civile*, 5e partie, ch. IV, art. 2, § 1.

(3) Domat, *Lois civiles*, liv. II, Des tuteurs, sect. III, § 19.

Cet article, dans ses termes et dans son esprit, ne vise que le mobilier corporel; aussi, la question de savoir si le tuteur peut sans formalités aliéner le mobilier incorporel s'était posée, surtout à la Bourse pour les transferts d'inscriptions de rentes sur l'Etat. Les doutes nés de l'insuffisance du texte législatif entravaient les négociations; ils ont été levés par la loi du 24 mars 1806 et le décret du 29 septembre 1813.

La loi de 1806 décide que le tuteur ne peut, sans l'autorisation du conseil de famille, aliéner des titres de rente 5 0/0, lorsque le total des valeurs de cette nature, appartenant au mineur ou à l'interdit, dépasse 50 francs de rente (1). Le décret du 29 septembre 1813 dispose de même pour les actions de la Banque de France, toutes les fois que l'incapable aura plus d'une action, ou un droit dans plusieurs excédant une action entière (2).

Mais les difficultés n'étaient point aplanies en ce qui touchait l'aliénation des autres valeurs mobilières.

Dans la discussion de la loi de 1806 devant le Conseil d'Etat, l'orateur du Gouvernement avait semblé considérer comme applicables aux ventes de meubles incorporels les formalités de l'article 452. De nouveau, cette opinion fut émise dans un avis du Conseil d'Etat du 8 novembre 1806 (3). On en prit texte pour soutenir que des dispositions du Code résultait bien l'interdiction pour le tuteur d'aliéner les valeurs mobilières, sans l'autorisation du conseil de famille et les formalités de l'article 452, ou, du moins, si cette opinion paraissait contestable, que la loi de 1806 avait eu pour effet de réformer en ce sens la législation antérieure (4). Cette doctrine est erronée : en premier lieu, elle s'attache, pour déterminer l'étendue des pouvoirs du tuteur, à la distinction des actes de disposition et des actes d'adminis-

---

(1) En pratique, on a, par identité de motifs, étendu cette loi aux inscriptions des rentes sur l'Etat créées postérieurement à 1806.

(2) Ces textes ne parlaient pas de l'homologation de la délibération du conseil de famille ; la jurisprudence décida qu'elle ne serait pas nécessaire. — Paris, 24 déc. 1860. (Dal., 61, 5, 513.)

(3) Demol., *Traité de la minorité*, t. I, p. 361.

(4) Douai, 28 juin 1843. (Sir., 43, 2, 586.)

tration, exigeant pour les premiers l'autorisation du conseil de famille ; or, ce point de vue ne donne qu'un *criterium* incertain et peu conforme au but de la tutelle, à la tradition (1) et au texte même du Code. D'autre part, on veut, en appliquant ici l'article 452, combler une lacune, par une disposition contraire encore à la tradition (2) et qui ne se rapporte à la matière, ni dans ses termes, ni dans son esprit. Enfin, la loi de 1806 est spéciale aux rentes sur l'Etat et ne peut fournir un argument d'analogie suffisant pour modifier les principes généraux du Code (3). Aussi, la jurisprudence est-elle promptement revenue, sur le premier point, à une doctrine plus correcte (4). Cependant quelques rares arrêts n'accordaient encore au tuteur le droit d'aliéner qu'à la condition d'observer les formalités de l'article 452 ; mais, en ces derniers temps, la Cour de cassation avait déclaré cet article inapplicable en pareil cas (5). — Elle attribuait donc au tuteur, pour l'aliénation des valeurs mobilières, un pouvoir bien étendu, dangereux au plus haut point entre les mains d'un représentant infidèle, et contre lequel les dispositions du Code n'offraient que d'insuffisants palliatifs.

De l'application des principes ci-dessus aux titres nominatifs ou au porteur naissaient des difficultés nouvelles.

Le tuteur pouvait opérer le transfert des premiers, comme la cession de toute autre valeur, sans l'autorisation du conseil de famille ni l'accomplissement d'aucune formalité ; mais, par prudence, les tiers cessionnaires ou les compagnies débitrices exigeaient généralement l'expédition d'une délibération du conseil ; c'était là une sauvegarde précieuse pour les intérêts de l'incapable. — Aucune garantie analogue n'existait pour les titres au porteur : le tuteur pouvait, en les livrant à un acquéreur

---

(1) L. 27, D. (26.7). — Pothier, *Des personnes*, 1re partie, tit. VI, art. 3, § 11. — En ce sens : Demol., VII, nos 529 et 597; Aub. et Rau, I, p. 445 et 446.

(2) Meslé, *Des minorités*, 1re partie, ch. VIII, n° 11.

(3) En ce sens : Demol., *loc. cit.* ; Aub. et Rau, t. I, p. 438, note 22, p. 459, texte et note 67 et suivantes.

(4) Nîmes, 15 déc. 1853. (Sir., 54, 2, 333.)

(5) Paris. 11 déc. 1871 (Sir., 71, 2, 249), et sur pourvoi, Cass., 4 août 1873. (Sir., 73, 1, 441.)

de bonne foi, réduire le pupille à un recours en dommages-intérêts, le plus souvent illusoire.

La conversion des titres nominatifs en titres au porteur constituait, par suite, un acte d'une grande importance. Absolument prohibée pour les rentes sur l'Etat, avant la loi du 29 avril 1831, l'article 9 de cette loi continuait à l'interdire au tuteur. On prétendait même, en se fondant sur l'extension de la loi de 1806 aux rentes sur l'Etat postérieures à sa promulgation, et sur un argument d'analogie tiré de la loi de 1831, refuser à celui-ci le droit de convertir les autres titres nominatifs quelconques, sans l'autorisation du conseil de famille ; mais la jurisprudence avait récemment reconnu le libre pouvoir du tuteur (1).

II.

EMPLOI DES CAPITAUX.

Un bon administrateur place, dès qu'il le peut, les capitaux disponibles. — L'ancienne jurisprudence appliquait déjà d'une façon générale ce principe au tuteur et lui faisait une obligation d'employer les capitaux, quelle qu'en fût la provenance. Un acte de notoriété du Châtelet de Paris, rapporté dans les éditions de la Coutume d'Orléans de 1711 et 1740, porte même que, dans le cas où le tuteur aurait en mains une somme supérieure à 1,500 francs, il ne lui sera accordé, pour en effectuer l'emploi, qu'un délai de six mois, passé lequel il en devra les intérêts et les intérêts des intérêts, toujours par accumulation, jusqu'à la fin de la tutelle. On avait cependant cessé en pratique d'appliquer à la lettre cette rigoureuse sanction, et, dans les comptes de tutelle, les intérêts des intérêts se tiraient en colonne morte et ne produisaient plus eux-mêmes d'intérêts (2).

L'emploi devait, d'après l'article 102 de l'ordonnance d'Or-.

---

(1) V. l'arrêt de la note précédente.
(2) Pothier, *Introd. au tit. IX de la Cout. d'Orléans*, § 3, *in fine*.

léans de 1560 (1), être effectué « en rentes ou héritages par
l'avis des parents et amis, à peine pour les tuteurs de payer
en leur propre nom les profits et deniers. » — L'emploi en
prêt à intérêt était interdit (2); cependant « il était d'usage au
Châtelet d'Orléans, » dit Pothier (3), « de faire crier les deniers
des mineurs devant le juge au siége des baux et adjudications,
et de les adjuger à l'enchère, à celui qui en offrait l'intérêt
le plus avantageux. Mais, par un arrêt de règlement du
7 septembre 1726, *ces baux à intérêts*, qui étaient manifestement usuraires, ont été proscrits, et il a été fait défense au
prévôt d'Orléans de donner les deniers du pupille à intérêts,
sans aliénation du principal, et à un intérêt plus fort que
l'ordonnance, et sans laisser au débiteur la faculté de rembourser toutefois et quand bon lui semblerait. » — Ces conditions étaient désavantageuses pour le pupille; aussi, les tuteurs
se bornèrent-ils à rechercher un emploi, soit en acquisition
d'immeubles, soit en constitution de rentes.

Sous l'empire du Code, le tuteur, tenu d'administrer en bon
père de famille, doit, par suite, faire emploi des capitaux, quelle
que soit leur provenance.

L'article 455 formule expressément cette obligation pour les
sommes provenant de l'excédant des revenus sur les dépenses.
Toutefois, comme un placement sûr et avantageux ne s'offre
pas toujours à l'instant précis où on dispose d'un capital
utilisable, il était juste de laisser au tuteur un délai durant
lequel il ne serait pas responsable du défaut d'emploi; aussi,
l'article 455, dans son deuxième alinéa, porte-t-il : « *L'emploi
devra être fait dans le délai de six mois, passé lequel le tuteur
devra les intérêts à défaut d'emploi.* » — D'autre part, le
placement d'excédants très-minimes serait, le plus souvent,

---

(1) L'origine de l'article 452 du Code civil se trouve dans cette disposition. Bien avant
les États de Blois, les tuteurs étaient déjà tenus de dresser un inventaire ; mais cette
formalité parut au tiers état insuffisante pour protéger l'incapable, et, sur sa demande,
Michel de l'Hôpital inscrivit dans l'article 102 l'obligation pour le tuteur de vendre « les
biens périssables ».

(2) Domat., *Lois civiles*, liv. II, Des tuteurs. Tit. I, sect. III, § 20.

(3) *Traité des personnes*, 1re partie, tit. VI, sect. IV.

impossible; il fallait donc préciser un chiffre, au delà duquel commencerait seulement l'obligation du tuteur : l'article 455 attribue cette déterminatien au conseil de famille, et l'article 456 décide que, faute par le tuteur de l'avoir provoquée, il devra, après l'expiration des six mois, les intérêts de toute somme non employée, si modique soit-elle.

Quel sera le point de départ du délai de l'article 455? — C'est par la balance des recettes et des dépenses qu'on connaît l'excédant des revenus; or, cette opération n'a lieu, pour la plupart des patrimoines, qu'une seule fois dans l'année; jusque-là, l'équilibre est pour ainsi dire instable, les recettes de la veille seront dépensées le lendemain. Le tuteur ne saura que par son bilan annuel s'il y a ou non un surplus de recettes, il est donc juste de ne faire courir le délai qu'à dater de ce moment où il a prévu d'une façon certaine la nécessité du placement.

Avant la loi de 1880, la majorité des auteurs et la jurisprudence (1) appliquaient ces règles aux capitaux provenant de toute autre source : sommes trouvées dans une succession, prix de vente des meubles, remboursements de dettes, etc. — La spécialité des termes de l'article 455 me paraît repousser cette extension. En outre, le délai de six mois, qui paraît aujourd'hui bien étendu, même pour les petits capitaux, étant données les facilités nouvelles des placements (2), sera nuisible au mineur, surtout quand il s'agira de sommes importantes : le tuteur pourra, sans faute, les laisser improductives durant cette longue période et sera même tenté de les employer à ses propres affaires, ce dont le pupille fera difficilement la preuve. Aussi la responsabilité du tuteur me semble-t-elle devoir s'apprécier, ici, d'après le droit commun : les tribunaux pourraient décider que le tuteur n'a pas été en faute d'excéder le délai de l'article 455, pour l'emploi d'un capital de minime importance ou entré à l'improviste entre ses mains, de même qu'ils pourraient le déclarer responsable d'avoir laissé en souffrance, pendant moins de six mois, une somme élevée dont l'échéance était prévue.

---

(1) Demol., t. VII, nᵒˢ 618, 619. — Aub. et Rau, t. I, § 112, p. 443.
(2) Valette, *Cours de Code civil*, p. 557, note 1.

Ces deux articles avaient fait naître d'autres difficultés relatives aux conditions de l'emploi. De leur silence sur ce point on avait conclu que, dérogeant à l'ancienne jurisprudence (1), ils laissaient au tuteur liberté complète pour effectuer l'emploi sans consulter le conseil de famille, sauf les exceptions des articles 457 et 460 du Code civil et de l'article 13 de la loi du 3 mai 1841 ; on lui conseillait, toutefois, pour mettre à couvert sa responsabilité à l'égard du pupille, de prendre cet avis, dont l'absence n'affectait d'ailleurs en rien la validité de l'acte d'emploi. On se demandait encore, dans le cas seulement où l'usufruit légal est éteint, si les articles 455 et 456 devaient s'appliquer aux tuteurs légaux. La négative, fondée sur la connexité des articles 454, 455 et 456, prévalait.

En résumé, avant la loi de 1880, le tuteur (autre que l'usufruitier légal) doit faire vendre aux enchères publiques les meubles corporels que le conseil de famille ne l'a pas autorisé à conserver. Il peut, sans autorisation de celui-ci, ni l'accomplissement des formalités de l'article 452, aliéner les valeurs mobilières. Toutefois, l'autorisation est exigée pour le transfert des rentes sur l'Etat et des actions de la Banque de France, quand le total de ces valeurs appartenant au pupille dépasse, soit 50 francs de rente, soit une action de la Banque.

Le mineur émancipé, assisté de son curateur, a les mêmes pouvoirs.

Le tuteur, sauf pour les rentes sur l'Etat, et le mineur émancipé, même non assisté, ont pleins pouvoirs pour convertir les titres nominatifs en titres au porteur.

Enfin, le tuteur doit, d'après l'opinion générale, faire emploi de tous les capitaux *sans distinction*, suivant les règles de l'article 455 ; mais l'avis conforme du conseil de famille n'est pas nécessaire. Les tuteurs légaux sont exemptés de cette obligation.

Ces diverses propositions se résument dans l'idée générale que le tuteur peut, en principe, en vertu de son droit d'admi-

---

(1) Pothier, VI, sect. 1, a. 4.

nistration, accomplir sans contrôle tous les actes relatifs à la fortune mobilière de l'incapable.

Des abus nombreux nés de cet état de choses avaient soulevé des réclamations, autant dans l'intérêt des incapables et du tuteur lui-même que de la part des tiers, notamment les notaires et les sociétés industrielles. Plusieurs de ces dernières persistaient même, malgré la jurisprudence contraire, à exiger, pour opérer les transferts, l'intervention du conseil de famille.

Une première proposition de réforme, due à l'initiative parlementaire, fut présentée, en 1873, si je ne me trompe, à l'Assemblée nationale, mais délaissée. Le Gouvernement en a repris l'idée et a présenté au Sénat, le 12 janvier 1878, un projet qui, après une sérieuse et longue élaboration, est devenu la loi du 27 février 1880 (1). — En voici le texte :

LOI *relative à l'aliénation des valeurs mobilières appartenant aux mineurs et aux interdits et à la conversion de ces mêmes valeurs en titres au porteur.*

Article premier. — Le tuteur ne pourra aliéner, sans y être autorisé préalablement par le conseil de famille, les rentes, actions, parts d'intérêts, obligations et autres meubles incorporels quelconques, appartenant au mineur ou à l'interdit. Le conseil de famille, en autorisant l'aliénation, prescrira les mesures qu'il jugera utiles.

Article 2. — Lorsque la valeur des meubles incorporels à aliéner dépassera, d'après l'appréciation du conseil de famille, quinze cents francs en capital, la délibération sera soumise à l'homologation du tribunal, qui statuera, en la chambre du conseil, le ministère public entendu, le tout sans dérogation à l'article 883 du Code de procédure civile. Dans tous les cas, le jugement rendu sera en dernier ressort.

Article 3. — L'aliénation sera opérée par le ministère d'un agent

---

(1) Présentation au Sénat, 12 janvier 1878 (Exposé des motifs, *Journ. Off.*, 27 janv. 1878 . — 1er rapport au Sénat, par M. Denormandie, 2 avril 1878 (*J. O.*, 7 mai 1878). — 1re délibération, 2 mai 1878 (*J. O.* du 3 mai). — 2e délibér., 24 et 25 mai 1878 (*J. O.* des 25 et 26). — Présentation à la Chambre des députés, 10 juin 1878 (*J. O.* du 6 nov.). — Rapport à la Chambre, par M. Jozon, 29 mars 1879 (*J. O.* du 7 avril). — 1re délibér., 7 juin 1879 (*J. O.* du 8). — 2e délibér., 29 nov. 1879 (*J. O.* du 30). — 2e rapport au Sénat, 17 déc. 1879 (*J. O.* du 26 janvier 1880). — Nouvelle 1re délibération au Sénat, 5 fév. 1880 (*J. O.* du 6). — 2e délibération, 17 février 1880 (*J. O.* du 18).

de change, toutes les fois que les valeurs seront négociables à la Bourse, au cours moyen du jour.

Article 4. — Le mineur émancipé au cours de la tutelle, même assisté de son curateur, devra observer, pour l'aliénation de ses meubles incorporels, les formes ci-dessus prescrites à l'égard du mineur non émancipé. Cette disposition ne s'applique pas au mineur émancipé par le mariage.

Article 5. — Le tuteur devra, dans les trois mois qui suivront l'ouverture de la tutelle, convertir en titres nominatifs les titres au porteur appartenant au mineur ou à l'interdit et dont le conseil de famille n'aurait pas jugé l'aliénation nécessaire ou utile. Il devra également convertir en titres nominatifs les titres au porteur qui adviendraient au mineur ou à l'interdit de quelque manière que ce fût, et ce dans le délai de trois mois à partir de l'attribution définitive ou de la mise en possession de ces valeurs. Le conseil de famille pourra fixer pour la conversion un terme plus long. Lorsque, soit par leur nature, soit à raison de conventions, les valeurs au porteur ne seront pas susceptibles d'être converties en titres nominatifs, le tuteur devra, dans les trois mois, obtenir du conseil de famille l'autorisation, soit de les aliéner avec emploi, soit de les conserver; dans ce dernier cas, comme dans celui prévu par le paragraphe précédent, le conseil pourra prescrire le dépôt des titres au porteur, au nom du mineur ou de l'interdit, soit à la caisse des dépôts et consignations, soit entre les mains d'une personne ou d'une société spécialement désignée. Les délais ci-dessus ne seront applicables que sous la réserve des droits des tiers et des conventions préexistantes.

Article 6. — Le tuteur devra faire emploi des capitaux appartenant au mineur ou à l'interdit ou qui leur adviendraient par succession ou autrement, et ce dans le délai de trois mois, à moins que le conseil ne fixe un délai plus long, auquel cas il pourra en ordonner le dépôt, comme il est dit à l'article précédent. Les règles prescrites par les articles ci-dessus et par l'article 455 du Code civil seront applicables à cet emploi. Les tiers ne seront en aucun cas garants de cet emploi.

Article 7. — Le subrogé-tuteur devra surveiller l'accomplissement des formalités prescrites par les articles précédents. Il devra, si le tuteur ne s'y conforme pas, provoquer la réunion du conseil de famille, devant lequel le tuteur sera appelé à rendre compte de ses actes.

Article 8. — Les dispositions de la présente loi sont applicables aux valeurs mobilières appartenant aux mineurs et aliénés placés sous la tutelle, soit de l'administration de l'assistance publique, soit des administrations hospitalières. Le conseil de surveillance de l'administration de l'assistance publique et les commissions administratives rempliront, à cet effet, les fonctions attribuées au conseil de famille. Les dispositions de la présente loi sont également applicables aux administrateurs provisoires des biens des aliénés nommés en exécution de la loi du 30 juin 1838.

Article 9. — Les tuteurs entrés en fonctions et les mineurs émancipés antérieurement à la présente loi seront tenus de s'y conformer. Les délais courent pour eux à partir de la promulgation.

Article 10. — La conversion de tous titres nominatifs en titres au porteur est soumise aux mêmes conditions et formalités que l'aliénation de ces titres.

Article 11. — Les dispositions de la présente loi sont applicables à l'Algérie et aux colonies de la Martinique, de la Guadeloupe et de la Réunion. Les délais, en ce qui concerne les colonies, seront, quand il y aura lieu, augmentés des délais supplémentaires fixés, à raison des distances, par la loi du 3 mai 1862.

Article 12. — La loi du 24 mars 1806 et le décret du 25 septembre 1813 sont abrogés. Sont également abrogées toutes les dispositions de lois qui seraient contraires à la présente loi.

Commentaire de la loi.

Notre loi est, d'après sa rubrique, *relative à l'aliénation des valeurs mobilières appartenant aux mineurs et aux interdits et à la conversion de ces mêmes valeurs en titres au porteur.* Ces expressions sont, à la fois, trop restreintes au point de vue des actes que régit la loi, et trop larges à l'égard des personnes qui y sont soumises. D'une part, en effet, l'article 5 prescrit la conversion en titres nominatifs des titres au porteur appartenant à l'incapable, et l'article 6 l'emploi de tous ses capitaux; et, d'autre part, certaines catégories de mineurs sont exemptées, en tout ou en partie, de l'observation de la loi.

J'examinerai successivement quelle est l'idée générale de la loi, son étendue d'application, sa sanction.

I.

IDÉE GÉNÉRALE DE LA LOI.

C'est la substitution au principe de la législation antérieure, formulé plus haut, d'une règle inverse : à l'avenir, le tuteur ne peut, en principe, toucher sans contrôle à la fortune mobilière de l'incapable. Le but de la loi est l'organisation de ce contrôle. Il consiste, d'une part, en un droit de surveillance générale de l'administration tutélaire, dévolu au conseil de famille, qui l'exerce, soit directement, soit par l'intermédiaire du subrogé-tuteur ; et, d'autre part, en une intervention directe du conseil, et parfois même du tribunal, dans les actes les plus importants, exigée à peine de nullité.

Le principe de cette action directe était déjà en germe dans l'article 457 ; mais une véritable innovation est consacrée par l'article 9 de notre loi. D'après le Code, le subrogé-tuteur ne doit point s'immiscer dans la gestion du tuteur ; tout au plus peut-il provoquer son remplacement, quand l'administration vient attester son incapacité, c'est-à-dire, trop tard pour en prévenir les fâcheux résultats. L'article 9, au contraire, lui enjoint de surveiller, à l'avenir, l'accomplissement des forma-lités imposées au tuteur, et même d'en exiger de lui la justification.

J'examinerai plus loin, en détail, la portée et l'avantage de ces dispositions, cet aperçu sommaire suffisant ici pour nous indiquer l'idée générale de la loi nouvelle.

II.

ÉTENDUE D'APPLICATION DE LA LOI.

On peut l'envisager au triple point de vue des personnes, des actes et des territoires.

§ 1. — A quelles personnes s'applique la loi ?

La rubrique indique les mineurs et les interdits.

Les mineurs peuvent se diviser en trois classes : ceux qui sont placés sous l'administration légale du père pendant le mariage ; ceux qui sont en tutelle ; les émancipés.

La loi s'applique-t-elle indistinctement à tous ?

Mineurs placés sous l'administration légale. — Le texte, ne visant que le mineur pourvu d'un tuteur, suffirait, même en l'absence des déclarations précises formulées pendant l'élaboration, pour restreindre à celui-ci l'application de la loi. Cette solution a soulevé de vives critiques; des amendements ont été présentés pour étendre les dispositions nouvelles aux mineurs placés sous l'administration légale, notamment dans le cas où l'influence et la surveillance de la mère, invoquées comme une protection suffisante de ses intérêts, ne peut plus s'exercer utilement, par suite, soit de la faillite ou de la déconfiture du père, soit de la séparation de corps. Si le Parlement ne s'est point arrêté à ces critiques, incomplétement réfutées d'ailleurs et auxquelles plusieurs décisions de jurisprudence prêtaient une notable autorité (1), c'est, je crois, surtout par crainte d'introduire dans la loi un élément étranger. On a préféré réserver la question pour le jour où un projet d'ensemble, que M. le Ministre de la Justice a promis de faire étudier, serait présenté sur l'administration légale (2).

Mineurs en tutelle. — La loi s'applique à toute tutelle, dative ou légale, individuelle ou administrative, déjà en cours lors de la promulgation ou dévolue postérieurement à celle-ci. Elle est faite, a-t-on dit, contre les tuteurs.

On a cependant proposé de dégager, soit d'une façon absolue (3), soit dans certains cas seulement (4), les tuteurs légaux de l'observation de notre loi. Les amendements en ce sens ont été écartés avec raison. Les dispositions nouvelles ne portent, en effet, pas plus atteinte à l'autorité paternelle que le Code lui-même, lorsqu'il impose un subrogé-tuteur au tuteur légal, ou le soumet à l'hypothèque et à l'obligation de rendre compte. Ce n'est pas, non plus, qu'on doute de l'affection des père et mère, mais celle-ci ne peut, comme on l'a fait justement remarquer, suppléer à la capacité et à l'expérience, qui pourront faire plus souvent défaut au survivant, investi de la tutelle par son seul degré de parenté, qu'au tuteur datif, choisi par le conseil de famille en raison même de son aptitude. La tutelle

---

(1) Rapport de M. Denormandie au Sénat, *J. O.* du 7 mai 1878, p. 4793, 2ᵉ col.

(2) *J. Off.* du 18 février 1880, page 1874.

(3) Amendement Clément, *J. O.* du 25 mai 1878, p. 5719.

(4) Amendement Griffe, *J. O.* du 6 février 1880, p. 1344.

légale est, d'ailleurs, la plus fréquente, et la soustraire à l'application de la loi eût été circonscrire celle-ci dans un champ bien
restreint.

Mineurs émancipés. — L'article 4 ne parle que des mineurs
émancipés *au cours de la tutelle* et exclut expressément ceux
émancipés par le mariage.

Notre loi s'applique-t-elle au mineur émancipé au cours de
l'administration légale ?

Les termes de l'article 4, *au cours de la tutelle,* et les
déclarations du rapporteur devant le Sénat déterminent
nécessairement la négative. Cette exclusion a été présentée
comme une conséquence nécessaire de l'inapplicabilité de la loi
au père administrateur légal. C'est là, je crois, une déduction
inexacte : il n'y avait rien de contradictoire à édicter pour les
deux cas des règles différentes, puisqu'il ne s'agissait plus ici
de restreindre la capacité du père, mais bien celle du mineur
lui-même déjà atteinte par les dispositions du Code. Au moins
fallait-il décider que la loi lui deviendrait applicable, lorsque
le décès d'un de ses parents, survenu au cours de sa minorité,
lui enlèverait une protection jugée suffisante pour l'affranchir
jusque-là du contrôle organisé. Mais le texte se refuse à ce
tempérament.

Le mineur émancipé par le mariage est, en termes exprès,
dispensé des formalités prescrites (1). Cette liberté, que
n'amoindrirait en rien la mort du conjoint avant la majorité,
sera souvent périlleuse, surtout pour la femme veuve. Aussi,
eût-il été plus sage, à mon avis, de s'en tenir aux termes du
projet primitif du Gouvernement adoptés par la commission
sénatoriale (2), qui soumettaient à la loi les deux catégories de
mineurs ci-dessus.

D'après le Code civil (art. 487) et le Code de commerce
(art. 3 et 4), le mineur commerçant est, pour les besoins de

---

(1) Un intéressant article sur la situation créée à ce mineur par la loi nouvelle a été
publié dans *le Moniteur judiciaire de Lyon* (n° du 30 Août 1880), par M. Georges Vallet,
docteur en droit, juge suppléant au tribunal civil de Lyon.

(2) Voir les deux textes placés à la suite du rapport de M. Denormandie, *J. Off.* du
7 mai 1878, p. 4794.

son commerce, assimilé à un majeur quant à ses valeurs mobilières, et son droit sur ses immeubles ne subit qu'une restriction : il ne peut les aliéner sans l'autorisation du conseil de famille homologuée par le tribunal.

La loi de 1880 a-t-elle modifié cette situation? L'article 4 s'applique en principe à tous les mineurs émancipés, sauf l'émancipé par le mariage ; il semble donc régir le mineur commerçant. — Tel n'est pourtant pas le vœu de la loi. — Dans le projet adopté en premier examen par le Sénat, l'article 4 était ainsi conçu : « *Le mineur émancipé, même assisté de son curateur, devra observer, pour l'aliénation de ses meubles incorporels, les formes ci-dessus prescrites à l'égard du mineur non émancipé. Cette disposition ne s'applique pas au mineur émancipé par le mariage.* » — A la Chambre des députés, on ne voulut pas toucher à la situation du mineur autorisé à faire le commerce, si ce n'est pour le soumettre à l'assistance de son curateur en cas d'aliénation de valeurs mobilières. C'est pourquoi le deuxième alinéa de l'article 4 fut à nouveau rédigé ainsi : « *Cette disposition ne s'applique pas au mineur émancipé par le mariage, ni au mineur autorisé à faire le commerce ; l'un ou l'autre pourra aliéner ses meubles incorporels avec la seule assistance de son curateur.* » Mais un membre de la Chambre (1) fit valoir les difficultés d'interprétation et les inconvénients pratiques qui résulteraient de cette disposition, et proposa de laisser une liberté complète au mineur commerçant pour l'administration de sa fortune mobilière. A la suite de ces observations, on revint purement et simplement au texte adopté par le Sénat. — Dans cette dernière assemblée, l'incident fut mentionné sans commentaires. — Il est regrettable qu'on ait procédé par simple suppression, sans s'expliquer par un texte précis ; car s'il n'est pas douteux que le mineur puisse agir sans l'assistance de son curateur lorsque l'acte intéresse son commerce, on peut, dans le cas contraire, hésiter à l'exonérer des formalités prescrites par la loi.

---

(1) M. Durand, professeur à la faculté de droit de Rennes. Voir *J. Off.* du 8 juin 1879, p. 4859.

La loi, très-générale dans ses termes, s'applique à l'interdit judiciairement et à l'interdit légalement.

On a étendu sa protection aux aliénés placés dans un asile conformément à la loi du 30 juin 1838. Les admistrateurs qui leur seront nommés en exécution des articles 31 et 32 devront se conformer aux dispositions nouvelles, quand il s'agira d'actes intéressant la fortune mobilière de ces aliénés. Si l'asile est un établissement public, le conseil d'administration remplira les fonctions de conseil de famille ; dans le cas contraire, ou si un administrateur a été nommé d'après les prescriptions de l'article 32, il faudra réunir le conseil de famille lui-même (art. 8).

La loi ne s'applique pas au prodigue ni au faible d'esprit pourvus d'un conseil judiciaire. Leur situation sollicitait cependant un supplément de protection. Ce point est encore à régler.

Dans les travaux préparatoires de la loi, il avait été question d'en étendre le bénéfice à la femme séparée de corps et de biens, ou de biens seulement. La Commission sénatoriale, malgré l'intérêt que lui a paru mériter la situation, n'a pas cru pouvoir la réglementer sans excéder sa compétence, et s'est bornée à appeler sur ce point important l'attention du Gouvernement.

§ 2. — A quels actes s'applique la loi?

La rubrique de la loi ne vise que l'aliénation des valeurs mobilières, et la conversion de ces mêmes valeurs en titres au porteur; elle ne mentionne ni la conversion des titres au porteur en titres nominatifs (art. 5), ni l'emploi des capitaux (art. 6). On a sans doute considéré l'article 5 comme un corollaire de l'article 1er dont il sauvegarde l'observation, et l'oubli de l'article 6 doit être imputé à la Commission sénatoriale, qui, après avoir introduit dans le projet du Gouvernement cette disposition nouvelle, a négligé de coordonner avec elle les termes de la rubrique.

J'examinerai, en quatre divisions, les règles concernant l'aliénation et les actes qui s'y rattachent, et celles relatives à l'emploi des capitaux.

I. — ALIÉNATION DES VALEURS MOBILIÈRES.

Trois catégories de formalités sont prescrites par la loi et s'appliquent — aux préliminaires de l'aliénation (art. 1 et 2), — à l'acte de vente lui-même (art. 4), — à l'emploi du prix en provenant (art. 1er *in fine*).

I. — Deux formalités sont exigées préalablement à l'aliénation : l'une générale, l'autorisation du conseil de famille; l'autre exceptionnelle, l'homologation par le tribunal.

1° *Autorisation.*

L'article 1er est ainsi conçu : « *Le tuteur ne pourra aliéner, sans y être autorisé préalablement par le conseil de famille, les rentes, actions, parts d'intérêts, obligations et autres meubles incorporels quelconques, appartenant au mineur ou à l'interdit.* »

A quelles valeurs s'applique cette condition? Le texte en énumère un certain nombre : les rentes, actions, parts d'intérêts, obligations.

Deux remarques sont à faire :

1° Les expressions *rentes, actions*, comprennent même les rentes sur l'Etat et les actions de la Banque de France, régies auparavant par la loi de 1806 et le décret de 1813. La formule générale de l'article 1er suffisait pour écarter l'application de ces textes. On n'y a pas pris garde, et l'article 12 contient leur abrogation en termes exprès. Cette redondance a produit une conséquence fâcheuse. Plusieurs catégories de personnes auxquelles s'appliquaient ces deux textes législatifs ne sont point assujetties aux formalités de la loi de 1880 : le père administrateur légal, le mineur émancipé par le mariage, ou au cours de l'administration légale, et le mineur autorisé à faire le commerce. Leur situation n'aurait pas été changée si on s'en était tenu à l'article 1er; mais l'article 12 est venu les dégager des prescriptions antérieures, et conduit à ce résultat anormal qu'une loi faite pour restreindre la facilité des aliénations de valeurs l'a accrue au contraire pour plusieurs catégories de personnes à qui elle ne devait pas s'appliquer. — Voilà où conduit l'intempérance du langage!

Un avis interprétatif de notre loi, émané des chefs du contentieux des grandes compagnies, à la date du 8 mars 1880, adopte cette manière de voir; mais la Chambre syndicale des agents de change de Paris continue d'exiger, au moins pour les mineurs émancipés par le mariage, l'autorisation du conseil de famille, conformément à la loi de 1806 et au décret de 1813 (1). Cette pratique, contraire à la loi nouvelle, ne tardera pas, je crois, à être condamnée par la jurisprudence.

2° L'expression *part d'intérêts* est ici un peu inexacte. Ce n'est point en effet la part elle-même, mais seulement ses créances contre la société que l'associé transmettra : il ne peut céder les dettes dont il est tenu et conserve, malgré l'aliénation, sa qualité d'associé et le droit qui en découle de figurer à la liquidation.

L'article 1ᵉʳ n'indique pas un chiffre au-dessous duquel l'autorisation ne serait pas nécessaire : le tuteur doit la demander pour l'aliénation de toute valeur, si minime soit-elle. On a, au cours des travaux préparatoires, vivement critiqué cette disposition, qui a l'inconvénient d'augmenter, et dans une proportion exagérée pour les petites fortunes, les frais d'aliénation à la charge de l'incapable. Aussi, proposait-on (2) de généraliser l'idée qui a servi de base à la loi de 1806, en permettant au tuteur d'aliéner, sans contrôle, les valeurs mobilières dont le total n'excéderait pas, pour chaque nature de titres, un capital de 1,200 francs. Cet amendement, contre lequel on élevait bien des objections contestables, a été rejeté, principalement à cause des difficultés pratiques de son application.

La délibération du conseil de famille peut, quel que soit l'avis émis, être attaquée conformément à l'article 883 du Code de procédure civile.

2° *Homologation.*

L'article 2 porte : « *Lorsque la valeur des meubles incorporels*

---

(1) *Revue du Notariat et de l'Enregistrement,* Avril 1881, p. 307.

(2) Amendement Bernier, *J. Off.* du 30 novembre 1879, page 10520.

à aliéner dépassera, d'après l'appréciation du conseil de famille,
quinze cents francs en capital, la délibération sera soumise à
l'homologation du tribunal, qui statuera, en la chambre du conseil,
le ministère public entendu, le tout sans dérogation à l'ar-
ticle 883 du Code de procédure civile. »

Le projet du Gouvernement n'exigeait en aucun cas l'homologation. La Commission sénatoriale y soumit toute délibération
portant sur une valeur supérieure à 5,000 francs ; mais, devant
les critiques soulevées par cette disposition (1), elle lui subs-
titua un système tout nouveau. La délibération devait en principe être soumise à l'homologation ; toutefois, elle en était
dispensée, quelle que fût l'importance de la valeur à aliéner,
lorsque le conseil de famille avait émis un avis unanime. Cette
combinaison, adoptée par le Sénat, a été écartée par la Commission de la Chambre des députés : elle a repris la première
rédaction de l'article 2, en abaissant, d'abord à 3,000 francs,
puis à 1,500 francs, le chiffre au delà duquel l'homologation est
nécessaire. Le Sénat a ratifié le vote favorable de la Chambre.

On a critiqué l'augmentation des frais à la charge de l'incapable qu'occasionne cette nouvelle formalité. Cependant, le
contrôle gracieux du tribunal sera d'autant plus utile qu'en
pratique le conseil de famille est trop souvent enclin à adhérer
purement et simplement aux mesures proposées par le tuteur.
La vente des valeurs mobilières soulève dans bien des cas des
questions délicates sur l'opportunité de l'aliénation, la préfé-
rence à accorder à tel ou tel titre pour l'emploi du prix... ; la
compétence du tribunal sera précieuse pour leur solution.
D'ailleurs, grâce à la simplification de la procédure, les frais
seront peu élevés, eu égard à l'importance des valeurs. La double
catégorie établie par l'article 2 satisfait donc les véritables
intérêts du mineur et constitue aussi un progrès sur les dispositions du Code en matière immobilière.

Dans un ordre d'idées inverse, on a reproché à la loi d'établir
des distinctions, de priver les petites fortunes de la protection
du contrôle judiciaire accordée aux incapables plus opu-

---

(1) Discours de M. Jules Favre, *J. Off*. du 25 mai 1878, p. 5721 et suiv.

lents. On répondait à cela que les questions délicates, pour
la solution desquelles l'intervention de la justice offre de sérieux
avantages, s'élèvent rarement à propos de valeurs peu importantes ; qu'exiger l'homologation pour la vente de ces dernières
serait en absorber presque tout le prix en formalités. Aussi,
M. Jules Favre, afin d'éviter ce dernier inconvénient, proposait-il
d'introduire ici l'assistance judiciaire (1) ; mais on a craint de
toucher, sans examen suffisant, à une matière étrangère à
l'objet spécial de la loi. Pourtant, cet amendement, dégagé de
toutes considérations sentimentales ou politiques, exprime un
vœu bien souvent formulé : l'abaissement des frais en matière
de tutelle et l'organisation de la tutelle des indigents. M. Jules
Favre en avait entrepris la réalisation législative au cours
même des débats de notre loi (2). Il est désirable qu'un patro-
nage aussi compétent sauve le projet de l'oubli.

C'est le conseil de famille lui-même qui évalue le droit à
aliéner. Son rôle se bornera souvent à une simple constatation :
s'il s'agit, par exemple, d'une créance contre un débiteur
solvable, ou d'un titre coté à la bourse, leur montant sera
déterminé par le chiffre nominal de la créance, par le dernier
cours officiel. Quand leur valeur sera indéterminée en elle-même,
le conseil s'éclairera pour fixer son appréciation par tous les
moyens possibles, notamment auprès des officiers ministériels.

D'après les termes de l'article 2, c'est la délibération elle-
même, non l'acte de vente, qui est soumis au tribunal ; il faut
donc, pour reconnaître si l'homologation est nécessaire, s'atta-
cher, non au prix que le meuble incorporel peut ou doit
atteindre, mais au chiffre même de l'évaluation du conseil.
Par suite encore, les agents chargés de la négociation ou du
transfert ne pourront, lorsque le titre aura été estimé moins de
1,500 francs, critiquer comme insuffisante l'appréciation du
conseil et refuser leur ministère à défaut d'homologation. C'est
très-heureusement couper court aux difficultés incessantes qu'au_
rait soulevées la vente de valeurs indéterminées, toujours
susceptibles d'appréciations diverses.

---

(1) Amendement J. Favre, *loc. cit.*
(2) Voir le rapport sur ce projet de loi, *J. Off.* du 9 avril 1879, p. 3094.

On ne doit non plus tenir aucun compte des variations ultérieures qui auront pu affecter le titre. Soit, par exemple, un titre coté 1,200 francs le jour de la délibération, peu après, une hausse lui fait dépasser le cours de 1,500 francs ; ou, à l'inverse, le cours étant supérieur à 1,500 francs, lors de la délibération, une baisse l'a ramené au-dessous de ce chiffre : l'homologation sera inutile dans le premier cas, nécessaire dans le second, *d'après l'appréciation du conseil de famille* à laquelle on doit toujours se référer.

Il ne faut pas toutefois que ce pouvoir dégénère en un moyen de tourner la loi. Le conseil ne pourrait, en déclarant inférieur à 1,500 francs un titre dont la valeur serait manifestement supérieure au moment même de la délibération, soustraire celle-ci à l'examen du tribunal. Dans ce cas, l'illégalité du transfert serait évidente, et les agents appelés à y concourir devraient, par un refus de procéder, contraindre le tuteur à en référer au tribunal.

Les articles 885 à 889 du Code de procédure civile règlent la procédure de l'homologation. En pratique, le jugement est rendu en la chambre du conseil quand il n'y a point d'opposition, en audience publique dans le cas contraire (1). L'article 2 de notre loi porte : « *La délibération sera soumise à l'homologation du tribunal, qui statuera, en la chambre du conseil, le ministère public entendu, le tout sans dérogation à l'article 883 du Code de procédure civile.* » Cette réserve était inutile, car l'article 883 réglemente seulement l'hypothèse où on attaque une délibération non sujette à l'homologation : son maintien était de droit (2).

Touchant les formalités de l'homologation, l'article 2 ne mentionne que celles déjà pratiquées pour le cas où il n'existait aucune opposition. Faut-il en conclure, comme on l'a fait (3), que, même s'il y a opposition, le jugement devra être rendu en

---

(1) V. *Formulaire de Pr. civ.*, Glandaz et Chauveau., t. I, pag. 396, note, et p. 397 formule.

(2) 2e rapport de M. Denormandie au Sénat, *J. Off.* du 26 janvier 1880, p. 780.

(3) Michot, Commentaire de la loi des 27-28 février 1880, *Revue du Notariat et de l'Enregistrement*, Avril 1880, p. 251.

la chambre du conseil ? Je ne le pense pas ; la formule de
l'article 2 est trop peu explicite, pour y voir, comme on le
prétend, une abrogation de toutes les dispositions (l'article 883
excepté) du titre X du Code de procédure civile. Il n'y a pas,
d'ailleurs, en notre matière, d'exemple d'un jugement rendu en
chambre du conseil après une procédure contradictoire ; une
innovation pareille nécessiterait, ce me semble, une rédaction
plus précise.

L'article se termine par ces mots : « *Dans tous les cas, le
jugement rendu sera en dernier ressort.* » C'est là une dérogation
à l'article 889 du Code de procédure civile, qui lui-même
constitue une exception aux règles ordinaires de la compétence,
en autorisant l'appel de tous les jugements rendus sur délibération du conseil de famille, même quand l'intérêt est inférieur
à 1,500 francs ; à l'inverse, le dernier ressort sera ici le droit
commun pour tous les jugements, — qu'il s'agisse d'une délibération non exemptée en principe de l'examen du tribunal, mais
attaquée en vertu de l'article 883, ou d'une délibération sujette à
homologation, — que la valeur du litige soit ou non supérieure
à 1,500 francs. Cette dérogation spéciale répond au besoin de
célérité particulièrement impérieux (il y en a des preuves
récentes) en cas de vente de valeurs de Bourse. Elle rend
inutile la production du certificat prescrit par l'article 548 du
Code de procédure civile.

Les formalités des articles 1 et 2 doivent-elles s'appliquer
aux aliénations de valeurs indivises entre le mineur et des
majeurs ?

L'affirmative n'est pas douteuse quand la portion appartenant
au mineur est déterminée d'une manière précise, *pro diviso.*

Je donnerais encore la même solution, si, l'indivision étant
absolue, comme lorsqu'il s'agit de valeurs dépendant d'une
succession, la vente ne devait pas mettre fin à cette indivision.

Avant notre loi, on assimilait, en général, à des droits
immobiliers, en ce qui concerne la capacité requise pour les
exercer, les droits ayant pour objet des universalités juridiques,
même exclusivement composées de meubles. On s'appuyait,
principalement, sur la combinaison des articles 465 et 464

du Code civil (1). Cette thèse, contestable à mon avis sous l'empire du Code, ne peut plus être soutenue depuis la loi nouvelle, dont les prescriptions s'appliquent aux cessions de droits mobiliers *quelconques*.

Mais, lorsque la vente met fin à l'indivision et équivaut alors, d'après l'opinion générale (2), à un partage, peut-on, en observant les articles 1 et 2 de notre loi, se dispenser de procéder comme en matière de partage judiciaire? Le tribunal de la Seine, saisi de la question, a décidé que les articles 465 et 466 continuent à être, ici, applicables (3), et sa décision paraît devoir fixer la jurisprudence. — Les principes sur lesquels elle se fonde ont été mis en lumière dans un examen doctrinal dû à une plume savante (4). J'en donnerai un rapide aperçu :

A première vue, cette doctrine semble donner prise à des critiques sérieuses :

1° La généralité des termes des articles 1 et 2 de la loi de 1880 étant absolue, ne faut-il pas en appliquer les prescriptions à tout acte qui, par sa seule forme apparente, rentre dans leur nomenclature? La théorie des donations déguisées et celle de la transaction-partage fournissent, à l'appui, un précieux argument d'analogie.

2° Les formalités du partage n'entraînent-elles pas des frais bien plus coûteux que l'homologation d'un simple avis de parents, sans néanmoins offrir plus de garanties pour les intérêts de l'incapable?

3° Ceux-ci ne sont-ils pas en jeu au même degré, quand la cession des droits successifs ne met pas fin à l'indivision? Pourtant il faudra bien, en ce cas, se résigner à n'appliquer que la loi de 1880.

Cette dernière objection doit seulement faire regretter que les principes du Code ne permettent pas d'étendre, à tout acte qui fait sa part héréditaire à l'incapable, les formalités protectrices

---

(1) Aubry et Rau, t. I, p. 461.

(2) Demol., *Succ.*, t. IV, n° 279. — Cass., 8 mars 1875. (Sir., 75, 1, 449.)

(3) 23 juin 1880. — *Gazette des Tribunaux* du 20 juillet 1880.

(4) M. Testoud, professeur à la Faculté de droit de Grenoble, *Revue critique*, t. IX, 1880, p. 691.

du partage judiciaire. Le juge, statuant à la suite d'une procédure de partage minutieuse et détaillée, émanée d'un notaire, sera mieux éclairé, bien plus au courant des droits et des intérêts du mineur que s'il homologue seulement une délibération du conseil de famille. En outre, le jugement homologatif d'un partage acquiert la force de la chose jugée, qui fera souvent défaut à la sentence confirmant un avis de parents qui approuve une cession-partage.

A ces avantages pour le mineur, la solution du tribunal de la Seine joint celui d'être conforme à l'esprit de la loi nouvelle. Quel a été son but? Uniquement d'augmenter les garanties de l'incapable, en soumettant à certaines formalités des actes dispensés auparavant de toutes conditions de forme. Le législateur de 1880 a manifesté, à diverses reprises, son intention formelle de ne pas sortir de ce cadre spécial. Comment alors soutenir qu'il a voulu déroger en même temps au Code civil, en simplifiant les formalités du partage judiciaire?

Reste l'argument tiré de la théorie des donations déguisées et de la transaction-partage. Remarquons, d'une part, que la validité des donations contenues dans un contrat à titre onéreux se justifie par la maxime « *accessorium principale sequitur* »; d'autre part, que la jurisprudence et la doctrine, en admettant, il est vrai, presque unanimement (1) la validité du partage transactionnel, exigent pourtant que la transaction ait porté sur une difficulté vraiment litigieuse. Or, la cession ne correspond ici à aucun abandon effectif de droits, elle en est bien plutôt l'exercice : à part le mot, l'acte est un véritable partage; il est, d'ailleurs, essentiellement indivisible, et on n'y saurait découvrir une relation de principal à accessoire.

La doctrine du tribunal de la Seine, précieuse pour les intérêts de l'incapable, est donc, en outre, pleinement conforme aux principes.

La main-levée d'une hypothèque garantissant une créance du mineur est-elle soumise aux formalités des articles 1 et 2 ?

---

(1) M. Laurent (t. X, n° 295) s'écarte de l'opinion commune et condamne la transaction-partage, alors même qu'elle aurait porté sur un litige réel.

Assurément non, si la main-levée n'intervient qu'à la suite du payement de la créance, car l'opération ne rentre alors, ni dans les termes, ni dans l'esprit de la loi : ce n'est point une aliénation, mais bien l'extinction de l'hypothèque, et, d'autre part, le tuteur ne touche pas au patrimoine de l'incapable, dont la composition reste intacte, puisque l'hypothèque ne faisait qu'y représenter, avec plus de sûreté, le capital ensuite remboursé (1).

Mais *quid*, si la main-levée n'est pas la conséquence d'un payement ? Dans la plupart des cas, en retour d'une main-levée qui facilite au débiteur l'aliénation avantageuse de l'immeuble grevé, celui-ci offre une autre hypothèque, un gage, un cautionnement... Il y a alors un véritable contrat commutatif. — A quelles formalités doit-on le soumettre ?

L'intérêt de la question est manifeste quand la valeur du droit en jeu n'excède pas 1,500 francs : le tuteur pourrait *consentir la main-levée* avec la seule autorisation du conseil de famille, si on appliquait la loi de 1880, tandis que, d'après les articles du Code, il devra se pourvoir en homologation, La solution n'est pas non plus indifférente, lorsque, la valeur à aliéner excédant 1,500 francs, l'homologation devient nécessaire dans les deux systèmes, car le jugement qui, d'après l'article 2 de notre loi, bénéficierait du dernier ressort sera, au contraire, sujet à appel, s'il faut suivre les articles 457 et 458.

La réponse à la question formulée dépend du caractère qu'on reconnaît à l'hypothèque : si on la considère comme un droit mobilier, la loi de 1880 sera applicable; si, au contraire, on lui attribue un caractère immobilier (et c'est vers cette solution que j'incline, après bien des hésitations que justifie la haute autorité des partisans du système contraire), il faut suivre les formalités des articles 457 et 458.

Cette solution conduit à décider que, dans l'hypothèse où la créance hypothécaire n'atteint pas 1,500 francs, l'homologation, qui ne serait pas exigée pour la cession de la créance elle-même, est indispensable pour la validité de la simple main-levée de l'hy-

---

(1) En ce sens, trib. civ. de Lorient, 23 mars 1881. (Sir. 81, 2, 247.)

pothèque. — Ce résultat, qui, de prime abord, paraît bizarre, est la conséquence logique de la connexité de deux droits de natures différentes et constitue, d'ailleurs, une juste répartition des garanties dues à l'incapable. La cession de l'hypothèque seule est, en effet, un acte plus dangereux que la cession de la créance elle-même, à cause de la difficulté d'apprécier la valeur de l'objet aliéné. Celle de la créance est indiquée par son chiffre nominal comparé au crédit actuel du débiteur, deux éléments faciles à connaître. Au contraire, la main-levée de l'hypothèque, sans influence sur la valeur de la créance, lorsque la solvabilité du débiteur ne subira pas d'atteinte, peut, si celui-ci tombe plus tard en faillite ou en déconfiture, réduire à néant le titre de l'incapable. Il y a donc un examen très-délicat à faire pour déterminer la dépréciation qu'entraînera la cession de l'hypothèque ; il est naturel qu'on ait exigé pour cela le contrôle complémentaire du tribunal (1).

II. — Le deuxième alinéa de l'article 1er porte : « *Le conseil de famille, en autorisant l'aliénation, prescrira les mesures qu'il jugera utiles.* »

Le conseil de famille a donc le droit de réglementer les formalités de l'aliénation elle-même : il peut, par exemple, imposer au tuteur la vente aux enchères publiques, ou le ministère de tel officier public, comme aussi, s'en rapportant à lui, l'autoriser à vendre à l'amiable et lui laisser le choix de l'officier ministériel. C'est qu'en effet, vu l'extrême variété des objets à aliéner, il était impossible, comme l'a fait remarquer le rapporteur, au Sénat, d'édicter pour tous un mode unique d'aliénation et de prévoir toutes les difficultés.

L'article 3 fait une exception à cette règle, en ce qui touche les titres *négociables* à la Bourse. Ces titres comprennent les effets publics et les effets de commerce. Presque tous sont

---

(1) S'il s'agissait d'hypothèques générales, la combinaison des articles 464 et 2126 C. c. pourrait fournir un moyen pratique d'éviter l'homologation. En tout autre cas, il faudra recourir à cette formalité, dont le débiteur supportera les frais, comme d'ailleurs tous ceux faits en vue de la main-levée.

cotés, c'est-à-dire ont un cours déterminé par la loi de l'offre et de la demande et qui sert de base aux transactions ; mais les premiers sont tous cotés à la Bourse, tandis que les seconds peuvent n'être cotés qu'*en banque*. Le ministère d'un agent de change est, je crois, indispensable pour la vente des deux espèces de titres, quand ils appartiennent à des mineurs ou à des interdits : on a voulu éviter, par l'intervention d'un officier ministériel, des trafics qu'aurait favorisés l'extrême variabilité de ces valeurs.

D'après l'article 3, la vente devra avoir lieu *au cours moyen du jour*. La rédaction du projet du Gouvernement, adoptée par le Sénat, portait « *à un cours officiellement déterminé* ». — La Chambre des députés a écarté cette rédaction, qui, si elle permettait de vendre au cours le plus élevé, laissait, par contre, le mineur exposé à l'éventualité du plus bas cours. La nouvelle rédaction, admise non sans critiques par le Sénat, impose à l'agent de vendre à forfait à l'ouverture de la Bourse, au cours moyen du jour ; le prix reste alors en suspens jusqu'à la clôture, où la moyenne est établie.

Quid, lorsque, l'article 3 n'étant pas applicable, le conseil de famille n'a prescrit aucun mode particulier d'aliénation ? Son silence laisse, je crois, une entière liberté au tuteur. Il faut, en effet, se référer au droit commun antérieur, quand le conseil n'a pas fait usage de son attribution nouvelle. Or, l'article 452 étant spécial à la vente des meubles corporels, le tuteur pourra, comme par le passé, vendre à son gré les meubles incorporels, soit à l'amiable, soit aux enchères publiques.

III. — Les expressions « *prescrira les mesures qu'il jugera utiles* » permettent au conseil de réglementer les suites mêmes de l'aliénation, notamment l'emploi du prix. Il pourra prescrire au tuteur de l'effectuer dans un délai déterminé, à l'agent de change de retenir jusque-là le prix ou de le verser à la caisse des dépôts et consignations; il pourra indiquer les valeurs à acquérir, etc.

Le tribunal auquel la délibération autorisant une vente est soumise pour l'homologation peut-il, si le conseil de famille s'est abstenu, enjoindre au tuteur certaines formalités relatives à l'aliénation et à l'emploi? peut-il, même, modifier les mesures que le conseil a prescrites?

Un point est hors de doute : le tribunal ne pourrait, se substituant au conseil de famille, modifier l'objet de la demande et prescrire, par exemple, l'aliénation de valeurs autres que celles désignées par le conseil. Mais on lui reconnaît, en général, le droit, lorsqu'il homologue la délibération, de compléter et de corriger, en même temps, les mesures prescrites par le conseil pour l'emploi et la garantie du prix de vente (1). — Cette opinion me paraît contraire au sens étymologique du mot *homologuer* (2), au but de notre loi et à l'esprit du Code lui-même. — Le législateur a institué le conseil de famille comme assemblée de surveillance, et soumet à son autorisation les actes importants de la gestion tutélaire. Pour les plus graves, il exige en outre l'examen et l'approbation du tribunal. Mais cette deuxième formalité ne dispense pas de la première. On a voulu, en effet, créer une double garantie, et non substituer au contrôle du conseil de famille celui du tribunal ; sans quoi, on eût soumis, uniquement, à l'examen de ce dernier les propositions du tuteur (3). Ne voit-on pas alors que permettre au tribunal de modifier les délibérations sujettes à homologation, c'est faire disparaître cette double protection, puisque la suppression ou la correction des mesures prescrites par le conseil de famille, véritables conditions apposées à son consentement, équivaudront à l'absence de l'autorisation de ce dernier ? Il faut donc, je crois, pour revenir à la véritable doctrine juridique, restreindre le droit du tribunal à une approbation de la délibération, ou à un refus d'homologation pur et simple, sauf, pour lui, à indiquer les changements qu'il juge nécessaires, et que le conseil de famille pourra adopter après une nouvelle discussion de l'affaire (4).

---

(1) Buchère, *Rev. prat.*, 1881, 2ᵉ fascicule, p.292. — Bertin, *Chambre du Conseil*, t. I, nᵒ 544.

(2) Littré, aux mots *homologuer, homologue*.

(3) L'art. 13 de la loi du 3 mai 1841 me paraît fournir un argument *a contrario* à l'appui de cette manière de voir.

(4) En ce sens, Demolombe, *Traité de la minorité*, t. I, p. 516. — Pierre Dubois, *De l'aliénation des biens de mineurs*, p. 105. — Cass., 9 février 1863. (Dal., 63, 1, 85.)

Quelles pièces doit produire le tuteur aux officiers ministériels chargés de la vente, de la négociation ou du transfert des valeurs ? Elles varient à l'infini, suivant le mode d'acquisition qui a rendu l'incapable propriétaire. Dans la situation la plus ordinaire, quand les valeurs ont été trouvées dans la succession des parents, le tuteur doit présenter des expéditions ou au moins des extraits suffisants des pièces suivantes : l'intitulé de l'inventaire, l'acceptation bénéficiaire au nom du mineur, la délibération du conseil de famille autorisant la vente et, quand la valeur dépassera 1,500 francs, le jugement d'homologation. S'il y a eu un partage, il faudra ajouter un extrait du partage et du jugement qui l'homologue, les significations à avoué et à domicile de l'article 147 du Code de procédure civile et le certificat du greffier de l'article 548 du même Code,

L'article 4 étend les règles des articles 1 et 2 au mineur émancipé au cours de la tutelle, assisté de son curateur. Il n'y aura qu'à tenir compte de la différence de personnalité juridique qui existe entre le pupille et le mineur émancipé.

L'article ajoute : « *Cette disposition ne s'applique pas au mineur émancipé par le mariage.* » — Quelle est actuellement la situation de ce mineur ?

Avant la loi de 1880, il était régi par l'article 482 du Code civil, la loi de 1806 et le décret de 1813. L'article 12, en prononçant l'abrogation absolue de ces deux derniers textes, replace le mineur émancipé par le mariage dans la situation où il se trouvait lors de la promulgation du Code, et peut ressusciter la controverse qui s'était élevée sur le point de savoir si, pour l'aliénation de ses valeurs mobilières, ce mineur a besoin de l'autorisation du conseil de famille. Quelque solution qu'on adopte, il faut (malgré l'avis contraire de l'éminent rapporteur au Sénat) reconnaitre que notre mineur n'est point à cet égard dégagé aujourd'hui de toute entrave. L'article 482 reste en vigueur et lui impose, je crois, l'assistance de son curateur. L'adjonction, dans l'article 4, § 1, du mot : « *même* » devant ceux « *assisté de son curateur* » indique, d'ailleurs, que cette assistance a été considérée comme de droit commun pour tous les mineurs; d'autre part les incidents de la rédaction de cet article, signalés plus haut (p. 63), prouvent bien qu'on n'a voulu dispenser l'émancipé par le mariage que des seules formalités exceptionnelles des articles 1 et 2.

Le mineur émancipé au cours de l'administration légale est dans la même situation.

Dans quelle mesure l'abrogation prononcée par l'article 12 a-t-elle modifié les pouvoirs de l'héritier bénéficiaire?

Avant la loi de 1880, la doctrine et la jurisprudence faisaient en général les distinctions suivantes : pour l'aliénation du mobilier corporel, l'héritier bénéficiaire était assujetti, en vertu des articles 805 C. civ. et 989 C. pr. civ., à l'observation des formalités des articles 583 et suivants C. pr. civ. On lui reconnaissait, au contraire, le droit de vendre sans conditions de forme le mobilier incorporel, à l'exception toutefois des rentes. Celles sur particuliers ne peuvent, d'après l'article 989, être aliénées que suivant la procédure des articles 643 et suiv.; quant aux rentes sur l'Etat, un avis du Conseil d'Etat du 11 janvier 1808 leur avait déclaré applicable la loi du 24 mars 1806, faite pour le cas de tutelle. Le décret du 25 septembre 1813 avait donné lieu à une semblable extension.

L'abrogation de ces deux derniers textes législatifs, prononcée par la loi de 1880, doit, semble-t-il, faire rentrer les actions de la Banque de France et les rentes sur l'Etat sous l'empire du principe général de libre disposition admis en matière de mobilier incorporel; il ne peut, même, être question d'assimiler dorénavant ces dernières aux rentes sur particuliers, car les prescriptions de la loi de 1806 diffèrent trop de celles de l'article 989 C. pr., pour qu'on puisse considérer l'avis du Conseil d'Etat comme faisant application de ce dernier texte aux rentes sur l'Etat.

La Cour de cassation ne l'a pas jugé ainsi,

Sur la requête présentée par un héritier bénéficiaire pour obtenir l'autorisation de vendre un titre de 42 francs de rente 3 0/0 sur l'Etat, le tribunal de la Seine avait décidé, le 4 juin 1880, qu'il n'y avait point lieu de donner son autorisation, parce que l'avis du Conseil d'Etat de 1808 ne l'exige pas pour le transfert de rentes au-dessous de 50 francs. Le jugement était passé en force de chose jugée, lorsque M. le Procureur général Bertauld forma, dans l'intérêt de la loi, un pourvoi en cassation. — Son réquisitoire s'appuie sur les considérations suivantes : « L'avis du Conseil d'Etat du 11 janvier 1808 exigeait, en cas de succession vacante ou en cas de succession acceptée bénéficiairement, pour l'aliénation des rentes, l'accomplissement des conditions imposées pour le cas de minorité. Il se référait à la loi du 24 mars 1806, mais cette loi est abrogée par la loi du 27 février 1880. L'assimilation établie par l'avis du Conseil d'Etat du 11 janvier 1808 semble donc impérieusement réclamer l'application aux rentes dépendant de successions bénéficiaires ou de successions vacantes des dispositions de la loi du 27 février 1880. Le tribunal de la Seine a donc violé cette dernière loi. »

La Cour de cassation n'a pas adopté cette manière de voir. Dans son arrêt du 4 avril 1881 (Sir., 81, 1, 206), elle remarque que l'avis du Conseil d'Etat de 1808 *interdit en principe à l'héritier bénéficiaire d'aliéner, sans y être autorisé par justice,* toutes inscriptions de rentes sur l'Etat dépendant de la succession qu'il administre; mais qu'une exception est faite par ce même avis en faveur des rentes sur l'Etat au-dessous de 50 francs, auxquelles il déclare applicables les articles 1 et 2 de la loi du 24 mars 1806. Or, cette exception, dérivant d'une loi aujourd'hui abrogée, a disparu avec elle ; le principe qui interdit à l'héritier bénéficiaire l'aliénation, sans autorisation de justice, des rentes sur l'Etat, subsiste donc seul et doit être appliqué sans distinction. — En conséquence, la Cour casse le jugement du tribunal de la Seine comme violant l'avis du Conseil d'Etat.

Cette décision est grosse de conséquences.

L'avis de 1808 (Dalloz, *R. A.*, V° Trésor public, p. 1125) renferme, il est vrai, un principe indépendant de la loi de 1806 et que l'abrogation de celle-ci laisse intact. L'héritier bénéficiaire n'est pour le Conseil d'Etat qu'un simple administrateur, et *la qualité d'administrateur ne donne certainement pas le droit de vendre ;* aussi a-t-il fallu une disposition particulière de la loi pour autoriser l'héritier bénéficiaire à vendre certains objets de la succession et pour régler le mode de la vente. C'est l'objet de l'article 805. Mais il n'existe aucun motif de déroger au principe, pour les rentes sur l'Etat, car la loi de 1806 est venue, dans la mesure convenable, faciliter leur disponibilité pour le cas de tutelle, et il est *sensible*, que cette disposition s'applique à tous les autres administrateurs comptables et aux *héritiers bénéficiaires*.

La Cour de cassation s'est pénétrée de cette doctrine : mais, si elle formule les vrais principes, il ne faut pas restreindre l'incapacité de vendre aux seules rentes sur l'Etat : on doit l'étendre à tout le mobilier incorporel ; elle est pour l'héritier bénéficiaire la règle absolue. — Bien plus, cette incapacité atteindra aussi et le père administrateur légal, et le mari administrateur des meubles propres de sa femme sous le régime de la communauté légale; le consentement de celle-ci ne suffit plus, l'autorisation de justice devient aussi nécessaire pour la validité d'une vente mobilière. — Il faut encore reconnaître que l'interprétation doctrinale et les décisions de jurisprudence violaient la loi, lorsque, avant 1880, elles reconnaissaient au tuteur le droit d'aliéner, sans contrôle, les valeurs mobilières de l'incapable.

Le seul énoncé de ces conséquences suffit pour mettre en défiance contre la théorie de la Cour de cassation. Elle paraît, en outre, peu en harmonie avec l'esprit du législateur, quand on compare la situation qui en résulte pour l'héritier bénéficiaire à celle faite au tuteur par la loi de 1880 : ce dernier n'a besoin qu'au-dessus de 1,500 francs de l'autorisation judiciaire imposée dans tous les cas à l'héritier. Soutiendrait-on que la loi a été plus soucieuse des intérêts des créanciers d'une succession que de ceux du pupille? Le Code vient le démentir en exonérant l'héritier bénéficiaire de l'obligation d'emploi des capitaux, de toute restriction à l'exercice des actions, de l'hypothèque légale, qu'il juge au contraire nécessaires pour protéger l'incapable en tutelle.

Il faut donc regretter que la Cour de cassation ait cru devoir rajeunir les idées émises en 1808 par le Conseil d'Etat et délaissées depuis par la doctrine et la jurisprudence. La loi de 1880 me semble même les condamner formellement. Le législateur, qui, à cette époque, a voulu amoindrir les pouvoirs jusqu'alors attribués au tuteur, n'a-t-il pas adhéré ainsi à la tradition presque unanime, dont l'arrêt du 4 avril est la négation, qui reconnaissait dans la loi de 1806, l'avis de 1808 et le décret de 1813 des textes restrictifs des droits du tuteur et de l'héritier bénéficiaire? N'a-t-il pas constaté implicitement l'erreur juridique du Conseil d'Etat et enlevé toute autorité à sa décision? Cela me paraît incontestable.

Quelle solution faut-il donc adopter?

La doctrine développée, dans son pourvoi, par M. le Procureur général Bertauld est à la fois hardie et originale. D'après lui, l'avis de 1808 aurait établi entre les héritiers bénéficiaires et les tuteurs une assimilation générale, qui, formulée, il est vrai, à propos de l'application de la loi de 1806, devrait, néanmoins, survivre à l'abrogation de celle-ci. Par suite, l'héritier bénéficiaire serait purement et simplement soumis à la loi de 1880.

Mais cette thèse soulève à son tour plusieurs objections. Comment cette assimilation, faite jadis par le Conseil d'Etat, pourrait-elle rendre de plein droit applicable aux successions bénéficiaires une loi dont les rédacteurs ont expressément circonscrit les effets à la tutelle? — Remarquons, d'autre part, qu'au-dessous de 1,500 francs l'autorisation du conseil de famille est seule exigée du tuteur. Cette institution manquant en matière de bénéfice d'inventaire, on aurait exigé dans tous les cas l'autorisation judiciaire. Mais la Cour de cassation n'eût-elle pas fait œuvre législative en établissant une équivalence entre ces deux sortes d'autorisations?

On ne peut davantage, je crois, adopter la solution proposée dans un examen critique de l'arrêt du 4 avril 1881, publié récemment (*Revue critique*, t. XI, n° 2, février 1882, p. 117). L'auteur pense que, sans méconnaître les règles d'une saine interprétation, on pourrait décider que la disposition de l'art. 12 de la loi nouvelle est purement relative, qu'abrogés pour les tutelles, la loi de 1806 et le décret de 1813 subsistent dans leur application aux successions bénéficiaires.

Cette distinction me paraît arbitraire. Le législateur de 1880 a manifesté, soit dans le texte même de la loi (voir p. 65), soit

6

dans les travaux préparatoires, l'intention formelle d'abroger d'une façon générale et définitive les dispositions mentionnées en l'article 12. Il est, à la vérité, permis de supposer qu'il aurait fait certaines réserves, s'il eût entrevu toutes les conséquences de ce texte, notamment les modifications qu'il entraînerait dans des matières étrangères à la tutelle ; mais vouloir, aujourd'hui, les écarter, c'est suppléer la volonté du législateur, non l'interpréter, c'est, en un mot, faire du droit prétorien. Cette considération, insuffisante parfois aux yeux de la Cour de cassation, est décisive dans une étude de nature dogmatique.

Je conclus donc que, abstraction faite de l'avis du Conseil d'Etat, abrogé avec la loi de 1806 dont il consacrait l'extension, l'héritier bénéficiaire peut, sans autorisation de justice, aliéner les rentes sur l'Etat, comme les autres valeurs mobilières, quelle qu'en soit l'importance. — Cette solution, dangereuse pour les intérêts des créanciers, ne fera point, je crois, fortune en pratique ; aussi, ai-je moins de scrupules à la déclarer pleinement conforme aux principes.

Quel est aujourd'hui le droit du père administrateur légal, relativement à l'aliénation des valeurs mobilières de ses enfants mineurs ? Faut-il dire absolument, avec M. le Ministre de la Justice (1), que « le père administrateur légal pourra à l'avenir, contrairement à la pratique suivie jusqu'ici par le Trésor (2) en matière de rentes, aliéner les valeurs appartenant à ses enfants mineurs » ? Le motif de décider ainsi serait que « la loi du 24 mars 1806 et le décret du 25 septembre 1813, dont les dispositions, par une extension parfois contestée d'ailleurs, étaient

---

(1) Circulaire du ministre. (Sir., 80, 5, 551.)

(2) Le Trésor faisait jadis, au point de vue de l'aliénation des titres de rente sur l'Etat, une assimilation complète entre le père administrateur légal et le tuteur ordinaire, et il obligeait les parties à se conformer à ses exigences, malgré les décisions judiciaires qui les avaient condamnées. (Tribunal de la Seine, 17 déc. 1876). Il n'a été mis fin à cette pratique qu'en 1880, par une circulaire du directeur de la dette inscrite en date du 10 mars. — V. Bioche, Form. de proc., 1880, n° 11436. — Buchère, Revue pratique, 1881, t. XLIX, p. 32 et suiv.

appliquées à l'administration légale, sont formellement abrogés par l'art. 12 de la loi du 27 février, ce qui semble, dès lors, laisser au père administrateur une entière liberté ». Comme le fait remarquer M. Bressolles (1), cela n'est pas décisif : la seule conclusion à tirer de la discussion de notre loi est que le droit antérieur n'est en rien modifié par rapport au père. Or, lui était-il permis d'aliéner sans contrôle? Cela dépend du fondement auquel on rattache les pouvoirs du père administrateur. L'exposé complet de cette controverse s'écarterait de l'objet spécial de cette étude ; je me borne à dire qu'à mon avis l'autorisation du tribunal est nécessaire, hormis le cas où l'aliénation rentre dans les nécessités de l'administration.

L'interdiction de vendre sans l'autorisation du conseil de famille s'applique aux titres nominatifs comme à toute autre créance ; mais le droit, reconnu par la jurisprudence au tuteur, de les convertir sans contrôle en titres au porteur et l'application à ceux-ci de la maxime « *en fait de meubles possession vaut titre* » auraient permis d'éluder facilement l'article 1er, s'il n'avait été complété par d'autres dispositions. C'est pourquoi les articles 5 et 10 organisent une sorte de sanction préventive. Ils ont un double objet : empêcher la conversion arbitraire des titres nominatifs en titres au porteur, — obtenir, dans un bref délai, l'inscription, au nom du mineur, des titres au porteur qui lui échoient. L'article 5 règle, en outre, les mesures à prendre, dans l'hypothèse où cette dernière opération serait impossible.

II. — CONVERSION DES TITRES NOMINATIFS EN TITRES AU PORTEUR.

Dans ces dernières années, comme je l'ai déjà dit, la jurisprudence, considérant, d'une part, le droit de convertir comme une conséquence du droit d'aliéner, et, d'autre part, la conversion comme un acte d'administration, avait reconnu, d'abord à la femme séparée de biens, puis au tuteur, le droit de faire libre-

---

(1) Bressolles, *Explication de la loi des* 27-28 *fév.* 1880, p. 25.

ment cette opération. — Mais, envisager la conversion comme un acte d'administration, c'est n'avoir égard qu'à la nature abstraite de l'acte, au détriment de son caractère véritable ; il contient, en effet, en germe, l'aliénation même du titre converti, dont presque toujours il sera le préliminaire. C'est, en outre, négliger les indices de la pensée du législateur, seulement indiquée et comme réservée dans l'art. 9 de la loi de 1831, mais nettement exprimée dans la loi budgétaire du 23 juin 1857, dont l'art. 8 soumet la conversion au droit de transmission.

Cette jurisprudence provoqua de vives doléances. L'article 1ᵉʳ de notre loi aurait suffi pour leur donner satisfaction, si les arrêts s'étaient bornés à invoquer le premier motif que j'ai indiqué ; mais, en présence du deuxième motif, on a jugé nécessaire de soumettre expressément, par l'art. 10, la conversion de tous titres nominatifs en titres au porteur, aux mêmes conditions et formalités que l'aliénation de ces titres. L'autorisation du conseil de famille sera donc nécessaire dans tous les cas (art. 1ᵉʳ), et l'homologation devra s'y ajouter, quand la valeur du titre dépassera 1,500 francs en capital (art. 2).

L'article 10 est conçu en termes très-larges ; il réglemente la conversion de *tous* titres nominatifs. Faut-il en conclure qu'il édicte une disposition générale d'après laquelle toute personne incapable d'aliéner ses titres nominatifs, ou astreinte pour leur aliénation à des formalités spéciales, sera, dorénavant, soumise pour leur conversion à la même incapacité ou aux mêmes conditions ?

La controverse offre, entre autres, un intérêt notable à l'égard de la femme commune en biens. Une opinion très-partagée refuse au mari le droit d'aliéner les meubles propres de sa femme, sans le consentement de celle-ci. Il ne pourra, non plus, dans ce système, si on admet la portée générale de l'art. 10, convertir, sans le même concours, les titres nominatifs en titres au porteur.

Les commentateurs, peu nombreux d'ailleurs de notre loi, ne se sont, en général, pas posé la question (1). Ceux qui l'ont fait

---

(1) Coulet, *Commentaire de la loi de* 1880, p. 26. — Michot, *op. cit.*, p. 267.

n'ont pas hésité à y répondre par la négative, en restreignant
aux mineurs et aux interdits la portée de l'art. 10 (1). Mais la
thèse contraire, présentée par un maître de cette faculté, aux
jugements duquel s'attache une autorité précoce (2), me paraît
devoir rallier les suffrages. Elle s'appuie sur le texte général
de l'art. 10, corroboré par les déclarations très-précises contenues dans l'exposé des motifs présenté au Sénat par M. Dufaure,
Garde des Sceaux (3), dans le rapport de M. Denormandie au
Sénat (4), et dans celui de M. Jozon à la Chambre des députés (5).

Un doute, fondé sur la rubrique même de la loi, peut être
cependant élevé. Celle-ci porte : « Loi relative à l'aliénation des

---

(1) Bressolles, *op. cit.*, p. 45.

(2) M. Flurer, à son cours.

(3) Sur l'article 4 du projet (devenu l'art. 10 de la loi), l'exposé des motifs, après avoir
justifié au point de vue juridique cette disposition nouvelle, s'exprime ainsi : « Les considérations qui précèdent ne s'appliquent pas exclusivement aux intérêts des mineurs et des
interdits. Outre les tuteurs, il est de nombreux mandataires légaux, curateurs et administrateurs, qui ne peuvent aliéner que sous des conditions déterminées; il y a, enfin, certaines
catégories de personnes dont la capacité est limitée par la loi. On ne doit pas songer à les
énumérer dans ce projet, car il faudrait résoudre, sur plusieurs points de droit civil, des
questions délicates qui doivent être laissées à la décision des tribunaux. Il suffira de poser
un principe, dont l'application sera faite selon les cas. Ce qu'il importe, c'est de rendre
impossibles des aliénations détournées, toutes les fois que la loi, interprétée par la
jurisprudence, interdit la transmission directe ou l'assujettit à certaines formalités. »

(4) « La cour de cassation n'a pas trouvé, dans la législation existante, des dispositions
qui lui permettent d'assurer le patrimoine incorporel des incapables contre « *les dangers*
» *que la conversion en titres au porteur peut lui faire courir en facilitant l'aliénation*
» *frauduleuse* »; ce sont les termes mêmes de l'arrêt du 4 août 1873 ; les rappeler, c'est
montrer la nécessité de suppléer à l'insuffisance de la loi. Il peut y être pourvu, sans
modifier en rien les principes fondamentaux de la législation sur la capacité des personnes,
tels qu'ils sont consacrés par le Code civil. — Nous nous sommes demandés, d'abord, si
nous étions compétents, si cette question se rattachait bien à la matière qui nous occupe ?
Existait-il un lien assez direct ? N'était-ce pas mettre une loi dans l'autre ? Ces objections avaient peut-être quelque chose de fondé; il nous a paru cependant qu'elles n'étaient
pas assez graves pour ne pas nous associer à la pensée de M. le Garde des Sceaux, afin
d'éviter un conflit et d'écarter des difficultés qui étaient de nature à se reproduire encore. »

(5) « L'article 10, introduisant d'une manière générale dans nos lois un principe nouveau et de la plus grande importance, que la jurisprudence aurait bien désiré mais n'a pas
cru pouvoir établir, dispose que la conversion de tous titres nominatifs en titres au porteur
est soumise *aux mêmes conditions et formalités que l'aliénation de ces titres*. Ce principe s'applique quel que soit le propriétaire des titres. »

valeurs mobilières appartenant aux mineurs et aux interdits et à la conversion de *ces mêmes valeurs* en titres au porteur. » La spécialité de ces termes finaux semble bien contredire la portée générale que nous avons attribuée aux expressions de l'article 10. Mais elle n'est due, en réalité, qu'à une simple inadvertance de copiste. L'intitulé de notre loi reproduit, en effet, littéralement, celui du projet présenté au Sénat par le Gouvernement. La Commission sénatoriale en avait aperçu l'incorrection et la fit disparaître en substituant aux mots « *ces mêmes valeurs* » les termes « *tous titres nominatifs* » (1); mais la rubrique primitive a reparu devant la Chambre des députés (2), et, définitivement, dans la loi promulguée. Elle ne peut, toutefois, infirmer les déclarations du Gouvernement lui-même, et ses expressions, n'ayant point été mises aux voix, ni adoptées par les Chambres, n'ont pas la force qui s'attache au texte législatif de l'article 10.

Cette disposition abroge implicitement la loi du 29 avril 1831, contrairement à l'opinion de M. le Ministre des Finances (3), et écarte ainsi une controverse possible avec l'interprétation restrictive de l'article 10 : on aurait pu soutenir que l'article 9 de la loi de 1831 continuerait à s'appliquer aux personnes exceptées des articles 1 et 2 de notre loi, notamment au mineur émancipé par le mariage (4).

III. — CONVERSION DES TITRES AU PORTEUR EN TITRES NOMINATIFS.

Les articles 1 et 2 laissent subsister pour les titres au porteur le danger résultant de leur facile transmissibilité. On avait déjà antérieurement essayé d'y remédier. L'article 943, § 6 du Code de procédure civile, enjoint aux notaires de coter et parapher tous les titres et papiers qu'ils trouvent en dressant un inventaire. Cette formalité, appliquée aux valeurs au porteur, individualise en quelque sorte le titre, en lui donnant un signe

---

(1) Rapport de M. Denormandie, *J. Off*. du 7 mai 1878, p. 4794.
(2) *J. Off.* du 6 novembre 1878, p. 10214.
(3) Circulaire du Directeur de la dette inscrite, 10 mars 1880.
(4) V. Bressolles, p. 45.

distinctif; aussi avait-on soutenu (notamment les compagnies industrielles et commerciales) que le porteur d'une pareille créance est tenu, comme le détenteur d'un titre nominatif, de prouver son droit à la possession. Mais les tribunaux avaient repoussé cette prétention : un arrêt du 15 avril 1861 (Sir., 61, 1, 710) décide que le § 6 de l'article 943 ne s'applique pas aux titres au porteur (1).

L'article 3 de notre loi organise, pour eux, une protection spéciale. Les §§ 1 et 2 en sont ainsi conçus : « *Le tuteur devra, dans les trois mois qui suivront l'ouverture de la tutelle, convertir en titres nominatifs les titres au porteur appartenant au mineur ou à l'interdit et dont le conseil de famille n'aurait pas jugé l'aliénation nécessaire ou utile. Il devra également convertir en titres nominatifs les titres au porteur qui adviendraient au mineur ou à l'interdit de quelque manière que ce fût, et ce dans le même délai de trois mois, à partir de l'attribution définitive ou de la mise en possession de ces valeurs.* »

Cette disposition s'applique à toutes les valeurs au porteur du mineur, quelle qu'en soit la provenance : succession, donation, conversion de l'article 10, emploi de capitaux ; mais elle peut être écartée, soit facultativement, soit nécessairement.

1. Avant notre loi, on appliquait généralement l'article 452 aux titres au porteur, comme une conséquence de leur assimilation aux meubles corporels. En principe, le tuteur devait les vendre, à moins d'obtenir du conseil de famille l'autorisation de les conserver. L'article 5 de notre loi, en prescrivant la conversion de tous les titres, *dont le conseil n'aura pas jugé l'aliénation nécessaire ou utile*, me paraît introduire, comme droit commun nouveau, le principe de la conservation (à charge de conversion)

---

(1) Plus récemment encore, la Cour de cassation (arrêt du 31 mai 1881), sur une instance entre les compagnies de chemins de fer et le syndicat des agents de change, a décidé que toute mention inscrite sur un titre au porteur par son propriétaire ou par toute autre personne, spécialement le paraphe qui y serait apposé par un officier public, pour le rattacher à la côte d'un inventaire, ne saurait faire obstacle à la transmissibilité par la simple tradition, et donner à la société débitrice le droit de contester et de vérifier la propriété du détenteur. — En sens contraire, Bioche, *Dictionnaire de Procéd.*, V° *Inventaire*, n° 223. — Dutruc, *Des partages de successions*, n° 183.

de tout titre existant, en réservant toutefois au conseil de famille le droit d'en ordonner l'aliénation s'il la reconnaît nécessaire ou utile.

Si telle est bien la pensée du législateur, elle permet de résoudre facilement la question de savoir si la dispense établie par l'article 453 en faveur des père et mère tuteurs et usufruitiers légaux s'applique, aujourd'hui encore, aux titres au porteur ? Je ne le pense pas. L'article 453 n'est, en effet, qu'une exception à la règle de l'article 452 ; or, les titres au porteur n'étant plus régis aujourd'hui par ce dernier texte, il faudrait, pour les soustraire, dans le cas de tutelle et d'usufruit légal, au principe général de l'article 5, une réserve consignée dans la loi nouvelle, — et son texte ne fait aucune distinction. Cette interprétation porte bien atteinte au droit propre de jouissance légale, qui paraît être la base de l'article 453 ; mais est-il surprenant que le législateur ait fait brèche au droit d'usufruit qu'il concède lui-même, lorsque son exercice aurait pu entraver une opération intéressant le mineur, jugée nécessaire ou utile ?

II. La conversion peut n'être pas possible, soit à cause de la nature même du titre, soit à raison de conventions antérieures. Ainsi, la société débitrice peut avoir prohibé la forme nominative (1) ou interdit l'opération avant un certain terme. De même, si le titre a été donné en gage ou grevé d'usufruit par l'auteur du pupille, on ne pourra contraindre les intéressés à adhérer à la conversion.

L'article 5 indique la marche à suivre dans ces hypothéses : « *Le tuteur devra, dans les trois mois, obtenir du conseil de famille l'autorisation, soit de les aliéner avec emploi, soit de les conserver.* »

Faut-il des expressions « *avec emploi* » conclure que le conseil

---

(1) Cela ne peut se rencontrer aujourd'hui que pour les valeurs étrangères, car l'article 8 de la loi budgétaire du 23 juin 1853 oblige toutes les sociétés françaises ayant émis des titres au porteur à en admettre la conversion en titres nominatifs. Toutefois, il y avait récemment encore des obligations du Crédit foncier, émises en 1877 et ne pouvant être libérées qu'en 1881, pour lesquelles la question se serait très-bien présentée ; la délivrance de titres nominatifs était, en effet, suspendue jusqu'à la libération, c'est-à-dire pendant 4 ans.

de famille n'a plus simplement, comme dans l'article 1er, la faculté, mais est ici tenu de l'obligation de régler l'emploi du prix de vente ? L'affirmative conduit à décider que l'omission engage la responsabilité du conseil et autorise la société ou l'agent de change intéressés au transfert à refuser de l'opérer. Mais je ne vois aucun motif d'admettre ici une règle plus rigoureuse que sur l'article 1er; le texte a, je pense, voulu viser l'obligation imposée au tuteur par l'article 6.

Le conseil de famille , s'il ne juge pas l'aliénation utile, autorisera la conservation des titres. Mais cela n'implique pas leur maintien aux mains du tuteur. Le conseil peut, en effet, d'après l'article 5, « *prescrire le dépôt des titres au porteur, au nom du mineur ou de l'interdit, soit à la caisse des dépôts et consignations, soit entre les mains d'une personne ou d'une société spécialement désignée* ».

Ce dépôt doit être fait « *au nom du mineur ou de l'interdit* ». Sans cette précaution, le titre ne cesserait pas d'être à la libre disposition du tuteur, qui ne pourra au contraire, s'il a observé l'article 6, en obtenir la délivrance sans justifier d'une juste cause. Le conseil précisera aussi les conditions et l'époque du retrait, afin d'épargner au tuteur, tenu de prouver son droit à retirer le dépôt, la production d'une série de pièces justificatives aussi illimitée que les exigences des dépositaires. — Cette mesure indiquera presque toujours une défiance envers le tuteur; la loi l'interprète elle-même ainsi, en prescrivant au conseil de famille de désigner *spécialement* la personne appelée à recevoir le dépôt. On n'a pas voulu laisser ce choix au tuteur suspect, et le conseil de famille qui omettrait cette désignation risquerait de se voir déclarer responsable du préjudice causé par un dépositaire infidèle, imprudemment choisi par le tuteur.

La loi accorde, en principe, un délai de trois mois au tuteur pour opérer la conversion ou, à défaut, pour consulter le conseil de famille sur l'aliénation ou la conservation. — Quel est le point de départ de ce délai ? C'est, je crois, le moment où le tuteur a été mis, en fait et en droit, en possession du titre. Cette formule générale, sans être expressément écrite dans la loi, me paraît ressortir des diverses indications spéciales de l'article 5, qui fait courir le délai : pour les valeurs appartenant au mineur lors de l'ouverture de la tutelle, du jour même de celle-ci, ou mieux, du moment où commence pour le tuteur l'obligation de gérer ; pour les titres indivis ou donnés en gage, à dater de l'attribution à l'incapable ou de la restitution au tuteur. — Pour la délibération du § 4, la rédaction peu précise du texte permet de ne faire courir les trois mois que du jour où la conversion sera reconnue impraticable.

Les délais ci-dessus ne sont point invariables. — En premier lieu, l'article 5 attribue au conseil de famille le droit de retarder la conversion ; la prévision d'un remboursement ou d'une aliénation avantageuse, la prochaine échéance de la majorité du pupille motiveront le plus souvent cette prorogation. Mais elle ne pourrait déguiser une dispense de l'obligation de convertir, être, par exemple, étendue par le conseil de famille à toute la période restant à courir d'une tutelle encore éloignée de son terme. Les expressions du § 3 « *pour la conversion* » marquent bien, en effet, que ce tempérament est introduit, dans le seul but de faciliter ou de rendre moins onéreuse l'application des mesures protectrices, mais excluent tout pouvoir discrétionnaire du conseil relativement à celle-ci. Par suite, l'arrêt confirmatif d'un jugement, qui approuverait l'extension abusive ci-dessus indiquée, pourrait être cassé par la Cour suprême, et, d'autre part, l'article 900 s'appliquera à toute clause dérogatoire à l'obligation de convertir, qui est d'ordre public, comme toutes les institutions protectrices des incapables. — A l'inverse, le conseil de famille ne pourrait pas enjoindre au tuteur de convertir dans un délai plus bref que celui fixé par la loi ; rien, en effet, dans notre article, ne l'y autorise. Bien au contraire, on en peut tirer un argument *a fortiori* pour lui refuser ce pouvoir. Des expressions restrictives du § 4 « *dans ce dernier cas, comme dans celui prévu par le paragraphe précédent* », on peut conclure que le conseil de famille n'a pas le droit de prescrire le dépôt, durant le délai normal de la conversion, ce qui entraîne, ce me semble, le refus du droit autrement important d'imposer une conversion anticipée.

Le conseil de famille, en accordant une prorogation, peut laisser les titres aux mains du tuteur, comme aussi en ordonner le dépôt dans les mêmes conditions que ci-dessus. Cette mesure sera ici sagement complétée par l'indication d'une personne autre que le tuteur, chargée de recevoir le titre à l'expiration du délai prolongé ; le tuteur ne pourrait s'y opposer, car c'est là une condition de la prorogation que le conseil aurait pu refuser.

Le paragraphe final de notre article porte : « *Les délais ci-dessus* (tant ceux de conversion que ceux d'option sur la vente ou la conservation) *ne seront applicables que sous la réserve des droits des tiers et des conventions préexistantes.* » — Cela vise les cas où le titre serait grevé d'usufruit, aux mains d'un créancier gagiste, où le précédent propriétaire se serait engagé vis-à-vis de la société débitrice à ne pas convertir avant un certain terme, etc....

L'article 9 ne s'applique, d'après son texte, qu'au tuteur : le mineur émancipé, régi par les articles 1 et 2, n'est pas assujetti à la conversion de ses titres au porteur ; le danger, écarté pour le pupille et l'interdit, subsiste donc entier pour lui. C'est là une lacune regrettable. L'article 482 du Code civil pourra, toutefois, fournir dans certains cas un palliatif, si on assimile la réception d'un titre au porteur à celle d'un capital mobilier : l'assistance du curateur deviendrait alors nécessaire, et l'emploi ne pourrait être effectué sans sa surveillance.

IV. — EMPLOI DES CAPITAUX.

Le projet du Gouvernement ne s'occupait que de l'aliénation et de la conversion des valeurs mobilières ; la Commission du Sénat l'a complété par l'article 6, relatif à l'emploi des capitaux.

L'obligation qu'il consacre dérive du devoir d'administrer en bon père de famille, contenu en l'article 450. — Spécialement, l'article 455 avait réglé l'emploi des capitaux provenant de l'excédant des revenus sur les dépenses ; mais son silence sur tous ceux acquis d'autres sources avait provoqué des controverses.

Notre article 6 ne fait aucune distinction : « *Le tuteur*, dit-il, *devra faire emploi des capitaux appartenant au mineur ou à l'interdit ou qui leur adviendraient par suc-*

cession ou autrement , et ce dans le délai de trois mois. » —
Des termes généraux de ce texte et de leur combinaison
avec la formule abrogative de l'article 12 , 2° alinéa , résulte
la substitution , au délai de six mois établi par l'article 455,
du délai nouveau de trois mois , imparti au tuteur par
l'article 6, pour effectuer l'emploi des capitaux de toute provenance.

Le conseil de famille a , comme en matière de conversion,
le droit de prolonger ce délai , et, lorsqu'il en use, il peut
ordonner aussi le dépôt des capitaux , « *comme il est dit en
l'article précédent* ». — Je me borne donc à renvoyer au commentaire de l'article 5.

L'article 6 ne fixe pas le point de départ du délai ; je le ferai
courir du jour où l'emploi aurait pu être effectué par un bon
père de famille : ce sera , le plus souvent, le jour même où
le tuteur aura connu l'existence des capitaux disponibles. —
Pour ceux provenant d'excédants de revenus, le délai courra de
la clôture du bilan annuel ou semestriel.

Quelles sont les règles applicables à cet emploi ?

Le deuxième alinéa de notre article porte : « *Les règles prescrites par les articles ci-dessus et par l'article 455 du Code
civil seront applicables à cet emploi.* »

De ces termes « *les règles prescrites par les articles ci-
dessus* » on a conclu que les formalités des articles 1 et 2
s'appliquaient à l'emploi des capitaux, pour la validité duquel
le tuteur devrait donc obtenir, dans tous les cas, l'autorisation
du conseil de famille , et en outre, au-dessus de 1,500 francs,
l'homologation du tribunal. La jurisprudence semble incliner,
vers cette solution (1). — C'est, je crois, attribuer à ces

_____

(1) Tribunal civil de Saint-Marcellin, 8 mai 1880 : « Attendu qu'aux termes de la loi
du 27 février 1880, le tuteur est tenu de faire emploi de toutes les sommes ou valeurs
mobilières appartenant aux mineurs... Mais attendu qu'aux termes de la loi précitée les
conseils de famille sont seuls compétents pour statuer sur cette matière lorsque les sommes
revenant aux mineurs n'excèdent pas, comme en l'espèce, la somme de 1,500 francs... »
— *Revue du Notariat et de l'Enregistrement,* nov. 1880, p. 838.

Cour d'appel de Douai. 24 juin 1880. « Attendu qu'en déclarant la dame veuve

expressions une importance que n'y attachaient pas les rédacteurs de la loi, car le rapporteur au Sénat n'eût pas manqué
de signaler, avec sa vigilance ordinaire, une innovation ayant
pour effet de soumettre au conseil de famille un acte qui
rentre si complétement dans les pouvoirs réguliers de l'administration tutélaire. Un passage du rapport dénote, ce
me semble, que la pensée du législateur était étrangère à ce
point de vue (1). L'adopter serait, en outre, aller à l'encontre
de l'idée générale de la loi, dont le vœu est d'organiser une
protection pour les incapables, « sans discréditer la fonction
et en éloigner beaucoup de personnes peu désireuses d'ac-

Desrousseaux soumise, quant aux 101,250 francs, à l'obligation de faire l'emploi com-
mandé par la loi de 1880, il échet, en exécution de cette même loi, de renvoyer les parties
devant le conseil de famille des mineurs Desrousseaux, pour la détermination de cet
emploi. . » — Kremp, *Th. de Doct.*, 1880, p. 174.

(1) « On s'est préoccupé », dit il, « d'une certaine éventualité qui se réalise assez souvent ;
celle du tirage au sort amenant un remboursement. — Voici, en effet, ce qui se passe en
pareil cas : un tuteur a en mains pour le compte de son pupille, entre autres valeurs, un
certificat nominatif d'obligations. Par suite du tirage au sort, un certain nombre de
ces obligations viennent à remboursement ; mais, avant de les rembourser, la compagnie
commence par les dénaturer et par les mettre au porteur. — On a demandé si le tuteur
serait, à chaque remboursement par suite du tirage au sort, obligé de réunir le conseil de
famille. — Cette préoccupation ne peut venir que d'une ignorance des faits. Le change-
ment dans la nature du titre est en pareil cas simplement une mesure d'ordre intérieur, qui
se rattache aux relations des compagnies avec la régie et qui a pour objet d'arriver à des
statistiques et à des constatations ; cette mesure ne concerne que la compagnie. — Si le
remboursement a lieu sous la forme d'un titre au porteur, le tuteur fera les diligences
nécessaires pour le rendre nominatif. — Si, au contraire, comme cela arrivera le plus
souvent, le remboursement a lieu en espèces, le tuteur fera emploi de ce capital ainsi
remboursé. »

Un autre passage de ce même rapport corrobore cette manière de voir ; on lit sur l'article 5 : « Quelques personnes ont paru redouter que l'application de la loi aux tutelles déjà
ouvertes ne vînt jeter un trouble dans les affaires de famille liquidées et organisées sous
l'empire de la législation actuelle. On a demandé, par exemple, si un père de famille, veuf
avec des enfants mineurs, allait être obligé de modifier sa situation et la composition de sa
fortune, de créer distinctement la part de ses enfants, de la réaliser et d'en faire un emploi
spécial et personnel. — C'est là une erreur absolue. Le conseil de famille est juge ; il
a toute liberté pour l'appréciation des emplois, et assurément il pensera bien souvent, et le
tribunal, *en cas de difficulté,* pensera aussi que l'emploi fait par le père de famille, sur
lui-même et sous la forme ou d'une maison, ou d'un commerce, ou d'une industrie, peut
être un très-bon emploi. »

cepter un titre qui eût été à l'avance suspect pour ainsi dire de plein droit » (1). Ce serait, enfin, introduire dans l'administration des formalités incessantes, dont les longueurs et les frais rendraient la gestion accablante pour le tuteur et ruineuse pour le pupille (2).

Mais le conseil de famille a-t-il au moins le droit de prescrire au tuteur, de sa propre initiative, un emploi déterminé ? Le texte de la loi ne porte aucune trace d'un pareil pouvoir, et on ne peut même l'induire du passage du rapport que je viens de citer. Le législateur n'a pas voulu déplacer, à ce point, la direction de la gestion tutélaire. J'en trouve une preuve dans le texte même de l'article 6 : il paraît ne donner au conseil de famille le droit d'imposer au tuteur le dépôt des capitaux que dans le seul cas où une prorogation du délai d'emploi est accordée; si, dans les autres hypothèses, le conseil n'a pas ce pouvoir, *a fortiori* devons-nous lui refuser celui plus important encore de déterminer le mode d'emploi. C'est donc le tuteur qui en aura le libre choix.

Pourtant, divers passages du rapport et de la discussion reconnaissent au conseil un certain pouvoir d'appréciation (3). — Quelle en est donc l'étendue ? Un emploi peu sûr équivaut, par les dangers qu'il fait courir à la fortune du pupille, à un défaut d'emploi, et, comme lui, doit engager la responsabilité du tuteur ; d'autre part, peu de placements offrent une sécurité complète, et le tuteur, soucieux d'éviter des recours en indemnité, devrait transformer en valeurs de tout repos, créances hypothécaires ou rentes sur l'Etat, les capitaux qui, bien que constituant aux yeux de la famille et de l'incapable le plus utile placement, ne seraient pas affranchis de toute éventualité de dépréciation, tels que les fonds placés dans un commerce ou une industrie de famille. C'est, je crois, pour l'appréciation de la sûreté d'un pareil placement, qu'on a voulu laisser au conseil de famille, et en cas de difficulté au tribunal, une plus grande

---

(1) Rapport de M. Denormandie au Sénat, *J. Off.* du 7 mai 1878, p. 4793.
(2) En ce sens, Bressolles, p. 59.
(3) V. le passage cité plus haut.

latitude, qui leur permettra, par une approbation donnée à l'emploi, de dégager le tuteur de la responsabilité spéciale à cette obligation (1).

Reste à déterminer le sens du renvoi de l'article 6 « *aux articles ci-dessus* ».

Ce peut être un rappel de la disposition finale de l'article 1er. — L'article 6 trace des règles générales applicables à tout emploi, mais sous la réserve des dispositions spéciales. Le tuteur, pour l'emploi du prix d'une valeur aliénée avec l'autorisation du conseil de famille, devra donc se référer avant tout aux prescriptions contenues en la délibération, plus rigoureuses peut-être que les obligations générales de l'article 6 ; elles pourront, en effet, lui imposer, soit le dépôt immédiat du prix de vente, soit l'emploi dans un délai inférieur à trois mois, soit un mode déterminé d'emploi, etc.

Le renvoi de notre article peut viser encore la disposition de l'article 3, d'où résulterait l'obligation pour le tuteur de n'effectuer un emploi, en valeurs négociables à la Bourse, qu'au cours moyen du jour et par le ministère d'un agent de change.

Faut-il dire, aussi, qu'il se réfère à l'article 5 et qu'il interdit, par suite, l'emploi en titres au porteur ? L'affirmative paraît rationnelle, puisque le tuteur, après avoir acquis un pareil titre, tomberait aussitôt sous l'obligation de le convertir en titre nominatif (2). Cependant, l'achat d'une valeur rapidement transmissible pouvant dans certains cas présenter un avantage, il faudrait un texte précis pour l'interdire au profit de l'incapable. — Au premier abord, notre solution semble fournir au tuteur un moyen d'éluder, dans une certaine mesure, les dispositions protectrices de la loi, car, en achetant un titre au porteur à l'expiration des trois mois qui lui sont impartis pour effectuer l'emploi des capitaux, il pourra soutenir que l'article 5 lui accorde un nouveau délai égal pour convertir la valeur acquise en titre nominatif. De cette façon, le tuteur aurait, durant six mois entiers, le capital de l'incapable à sa libre

---

(1) En ce sens, Dubois, *De l'aliénation des biens de mineurs*, p. 79 et suivantes; p. 83.
(2) En ce sens, Bressolles, p. 60.

disposition. N'est-ce pas là un résultat contraire à l'esprit de la loi ? J'en conviens, mais il suffit pour l'écarter de décider que le tuteur devra, à l'expiration des trois mois de l'article 6, avoir, soit converti, soit aliéné (avec autorisation) le titre au porteur précédemment acquis.

Le renvoi aux règles de l'article 455 est évidemment inexact en ce qui concerne le délai de l'emploi ; mais il a pour effet de généraliser la sanction, jusqu'à ce jour spéciale, de cet article. Le tuteur devra donc, en cas de retard, payer les intérêts des capitaux non employés, et cela doit s'entendre des intérêts composés, contrairement à la pratique de l'ancienne jurisprudence. Telle est, du moins, l'opinion unanime, aujourd'hui, en doctrine et en jurisprudence (1).

Le conseil de famille devra-t-il, dorénavant, indiquer pour tous les capitaux, comme il faisait déjà pour l'excédant des revenus, le chiffre auquel commencera pour le tuteur l'obligation d'emploi ? Je ne le pense pas. Cette prescription de l'article 452 date d'une époque où l'on ne prévoyait pas les facilités qu'offriraient un jour les caisses d'epargne (2) ; elle est, aujourd'hui, surannée, et, si le législateur avait eu l'intention de la rajeunir par une extension nouvelle, il aurait, en même temps, renvoyé à l'article 456, qui sanctionne l'obligation pour le tuteur de provoquer la détermination de l'article 455.

La disposition de l'article 6 doit s'entendre, réserve faite des droits des tiers : si, par exemple, l'usufruit d'une somme d'argent a fait l'objet d'un legs, la nue propriété étant réservée à l'incapable, le tuteur ne pourra contraindre l'usufruitier à un emploi déterminé, tel que la constitution d'une créance hypothécaire ou l'achat d'un titre nominatif indivis entre les deux intéressés ; ce serait, en effet, dénaturer le quasi-usufruit, qui se résout, pour le nu propriétaire, en une créance de somme d'argent vis-à-vis de l'usufruitier.

---

(1) Voir Bressolles, p. 61. — Aubry et Rau, t. I, § 112, note 38 : « L'application de ces articles donne lieu à une capitalisation successive des revenus pupillaires, qu'on appelle compte par échelette, par opposition au compte par colonne morte de l'ancienne jurisprudence, auquel ne s'appliquent pas les règles relatives à l'anatocisme. »

(2) Laurent, t. V, p. 32.

Mais que décider à l'égard du père usufruitier légal ? Des tentatives ont été faites pour l'exonérer de l'obligation d'emploi (1) ; elles ont échoué devant les observations du rapporteur au Sénat. Le père est donc obligé, en principe, de placer, avec tous les soins d'un bon administrateur, des capitaux qu'il pouvait auparavant conserver entre ses mains, ou utiliser à sa convenance, comme un simple débiteur (2). C'est là une nouvelle atteinte à son droit d'usufruit, tempérée toutefois, dans une certaine mesure, par la faculté que nous avons reconnue au conseil de famille d'autoriser le père à employer, sur lui-même, les capitaux de l'incapable, si les intérêts de celui-ci paraissent sauvegardés. — Il faut remarquer que si le père tuteur était légataire de l'usufruit de capitaux appartenant au pupille, il ne serait pas, quant à eux, assujetti aux règles de l'article 6.

Cet article ne parle point des mineurs émancipés ; ils restent donc, pour l'emploi de leurs capitaux, soumis aux prescriptions de l'article 482 du Code civil.

Tels sont les actes régis par la loi. Il nous reste, comme appendice, à nous demander comment s'opérera, pour les tutelles déjà ouvertes, la transition des règles anciennes au régime nouveau.

L'article 9 règle le cas : « *Les tuteurs entrés en fonctions et les mineurs émancipés antérieurement à la présente loi seront tenus de s'y conformer.* » Pas de difficultés relativement aux articles 1, 2 et 10 : ils ne peuvent atteindre que les actes à venir. Mais l'application des articles 5 et 6 ne viendra-t-elle pas jeter un trouble dans les affaires de famille liquidées et organisées sous l'empire du Code civil ? Nullement ; notre loi, a-t-on fait remarquer, est une loi de procédure (3) qui prend les choses dans l'état où elles se trouvent au moment de sa

---

(1) Amendement Griffe, *J. Off.* du 6 février 1880, p. 1344.

(2) En ce sens, arrêt de Douai, jugement du tribunal civil de Saint-Marcellin, cités plus haut.

(3) Rapport de M. Jozon.

promulgation et respecte les engagements préexistants et les emplois déjà faits (1).

« *Les délais*, ajoute l'article 9, *courent pour eux à partir de la promulgation.* » Il ne peut s'agir que des délais des articles 5 et 6, les seuls que prescrive la loi ; or, ces dispositions ne s'appliquent pas aux mineurs émancipés : l'expression « *pour eux* » est donc trop générale. En outre, le point de départ du délai est, non la date de la promulgation de la loi, mais bien celle de sa publication.

§ 3. — *A quels territoires s'applique la loi.*

Le projet du Gouvernement était muet sur l'application de la loi aux colonies. La Commission sénatoriale admit un amendement de MM. Schœlcher, Demazes et Laserve, ainsi concu : « *Les dispositions de la présente loi sont applicables aux colonies* », — auquel, sur la demande des mêmes sénateurs, on ajouta ensuite les mots « *de la Martinique, de la Guadeloupe et de la Réunion* ». — Le motif de cet amendement résidait dans la situation spéciale de ces trois colonies, « placées sous le régime légal nécessaire pour y rendre applicables les lois générales (2), tandis que les autres colonies sont sous le régime des décrets ; il suffit de simples décrets (3) pour y rendre applicables les lois de la mère patrie (4) ».

Un décret du 8 avril 1880, promulgué le 11, est venu, en effet, rendre applicable notre loi dans les autres établissements français.

La Chambre des députés a ajouté à l'énumération « *l'Algérie* ». C'était inutile, comme l'a fait remarquer M. Denormandie, dans son deuxième rapport au Sénat. Il est, en effet, de doctrine et de jurisprudence « que les lois générales de la métropole, antérieures à la conquête de l'Algérie, sont devenues de plein droit, sans promulgation et par le seul fait de la conquête,

---

(1) Un arrêt récent a fait l'application de l'article 9. Kremp. Th. de Doct. p. 197.
(2) Sénatus-Consulte du 3 mai 1854, art. 2.
(3) Sénatus-Consulte du 3 mai 1854, art. 18.
(4) *J. Off.* du 26 mai 1878, p. 5768.

applicables à cette colonie, dans la mesure compatible avec les
mœurs et les habitudes locales ; qu'il en est de même des lois
postérieures n'ayant pour objet que de modifier ou d'abroger les
lois générales antérieures à la conquête (1) ». Or, le Code civil a
suivi en Algérie les Français qui ont été s'y fixer (2). La loi de
1880 s'est bornée à modifier ses principes sur l'administration
de la fortune mobilière des incapables ; elle était donc exécutoire
de plano dans la colonie, indépendamment de la mention de
l'article 11 et de la promulgation spéciale, nécessaire en droit
commun (3).

La Commission sénatoriale a terminé l'article 11 par la
disposition suivante : « *Les délais en ce qui concerne les
colonies seront, quand il y aura lieu, augmentés des délais
supplémentaires fixés, à raison des distances, par la loi du
3 mai 1862.* »

Cette loi a modifié, entre autres, l'article 73 du Code de
procédure civile, pour la France et l'Algérie ; mais elle ne
concerne pas les autres colonies. Il a pourtant été bien entendu,
dans l'élaboration de notre loi, que les décrets des 21 et
22 avril 1863, fixant les délais pour les Antilles et la Réunion,
continueraient à s'appliquer, malgré leur omission dans le
rappel de l'article 11.

En outre, le décret complémentaire du 8 avril 1880 porte :
« *Les délais mentionnés à l'article 1er du présent décret seront,
quand il y aura lieu, augmentés des délais supplémentaires
fixés à raison des distances par la législation en vigueur dans
chacune des colonies.* »

Ces dispositions ne sont-elles pas inutiles, en présence du
droit de prorogation accordé par les articles 5 et 6 au conseil
de famille ? — Je ne le pense pas. Le tuteur, en l'absence de ce
texte, aurait dû, à chaque nouvel emploi, pour toute conver-

---

(1) Cass. 15 juillet 1868. (Sir., 68, 1, 448.). — Cass., 4 août 1881. (Sir., 81, 1, 337.)

(2) Constitution du 4 novembre 1848, article 109.

(3) De Ménerville, *Dictionnaire de la législation algérienne*, t. III, Vo *Promulgation*. — Bloch, *Dictionnaire de l'administration française*, au mot *Algérie*, p. 59.
— Cass., 28 janvier 1874.

sion, convoquer le conseil de famille, si le délai normal n'était pas suffisant. D'autre part, le conseil pouvait entraver le libre choix du tuteur quant au mode d'emploi, en lui refusant une prolongation de délai, nécessaire au placement des capitaux hors de la colonie, pour l'obliger, notamment, à effectuer l'emploi dans la colonie même. Notre disposition évitera donc souvent les frais d'une réunion du conseil et permettra au tuteur, grâce aux délais supplémentaires de plein droit applicables, de placer, en France même, les capitaux de l'incapable, sans avoir obtenu préalablement l'autorisation du conseil. — Mais, bien entendu, si la conversion ou l'emploi ont lieu dans la colonie, le tuteur devra observer les délais des articles 5 et 6, sauf prolongation de la part du conseil. C'est, à mon avis, la signification naturelle des expressions « *s'il y a lieu* » de l'article 11, et « *quand il y aura lieu* » de l'article 2 du décret complémentaire (8 avril 1880), auxquelles on a cependant reproché un manque de clarté (1).

III.

SANCTION DE LA LOI.

Pour assurer le respect des lois, le législateur édicte ordinairement une sanction corrélative à leur violation et qui consiste, tantôt en une réparation pécuniaire, tantôt en une responsabilité pénale ; en matière civile, cette dernière est exceptionnelle. On a reproché à notre loi de manquer de sanction. C'est à tort, je crois. Le Code civil, en effet, lorsque des formalités protectrices des incapables n'ont pas été observées, en rend, dans tous les cas, le tuteur responsable et, parfois même, annule les droits des tiers. La loi nouvelle trouvait donc, dans le droit commun, une sanction peu négligeable. Néanmoins, la Chambre des députés a voulu assurer plus fortement encore le respect des dispositions adoptées, en y intéressant le subrogé-tuteur ; c'est le but de l'article 7.

---

(1) Bressolles, *op. cit.*, p. 72.

J'examinerai les conséquences de la violation de la loi, par rapport — au tuteur, — aux tiers — et au subrogé-tuteur.

Le tuteur, dit l'article 450, administrera les biens du pupille, *en bon père de famille et répondra des dommages-intérêts qui pourraient résulter d'une mauvaise gestion »*. En général, l'appréciation de la responsabilité et de la réparation due est laissée aux tribunaux ; dans certains cas, cependant, le Code a, d'avance, précisé l'indemnité, notamment dans l'article 455, qui sanctionne aujourd'hui la disposition générale de l'article 6 de notre loi.

Au point de vue des tiers, il faut distinguer deux classes d'actes : ceux pour la validité desquels certaines formalités sont nécessaires, ceux qui sont dispensés de toutes formes.

Dans la première classe rentre l'aliénation des valeurs mobilières et la conversion des titres nominatifs en titres au porteur. Notre loi laisse subsister, ici, les principes du Code en matière de responsabilité des tiers. Ils pourront être modifiés par les règles de la loi du 5 juin 1872, quand le tuteur aura aliéné des titres au porteur.

Mais quelles sont les formes dont l'absence préjudiciera aux tiers ? L'autorisation du conseil de famille et l'homologation du tribunal, lorsqu'elles sont exigées. Si le titre est négociable à la Bourse, le ministère d'un agent de change sera aussi une forme indispensable à la validité du transfert. Le rapporteur au Sénat a été très-affirmatif en ce sens (*J. Off.* du 7 mai 1878, p. 4693).

Faut-il attribuer la même portée à l'inobservation des mesures prescrites par le conseil de famille, en vertu du 2ᵉ alinéa de l'article 1ᵉʳ ? Il y a, je crois, une distinction à faire entre les prescriptions ayant trait à l'acte d'aliénation ou de conversion lui-même, telles que le choix par le conseil de famille de l'agent de change chargé du transfert, ou la fixation d'un prix minimum au-dessous duquel la vente ne pourra avoir lieu, et les formalités relatives aux accessoires ou aux suites seules de l'aliénation. Les premières sont de véritables conditions apposées par le conseil à son consentement, et dont l'inobservation équivaudra au défaut d'autorisation ; le tiers intéressé à l'acte peut les connaître, par l'extrait de la délibération qui sera produit, il doit donc s'assurer de leur accomplissement, faute duquel sa responsabilité sera engagée. L'incapable lui-même n'aura qu'à gagner au contrôle intéressé des tiers. — Mais s'il ne s'agit que des formalités accessoires, ayant trait, par exemple, à l'emploi du prix, la responsabilité des tiers eût offert ici plus d'inconvénients que d'avantages ; aussi, les a-t-on déchargées de tout contrôle relatif à l'utilité et, même, à l'existence de l'emploi (1). Toutefois, le conseil de famille pourra charger une personne déterminée de suivre et de surveiller celui-ci.

CONTRÔLE DU SUBROGÉ-TUTEUR.

Les fonctions du subrogé-tuteur se restreignent, d'après l'article 420 du Code civil, à agir pour les intérêts du mineur, lorsqu'ils sont en opposition avec ceux du tuteur. Les articles 424 et 1442 lui imposent, en outre, deux obligations sanctionnées. Il en était de même de l'article 2137, tombé en désuétude. Enfin, l'article 446 lui reconnaît le droit de provoquer la destitution du tuteur.

Lors du premier examen, au Sénat, de notre loi, on proposa d'utiliser, pour en assurer l'observation, le rôle du subrogé-tuteur ; mais la commission fut d'avis que cette idée ne saurait fournir une garantie effective, sans dénaturer la fonction du subrogé-tuteur, ni créer, entre lui et le tuteur, une source de perpétuels conflits. — Sans s'arrêter à ces objections, la Chambre des députés a rédigé l'article 7 en ces termes : « *Le subrogé-tuteur devra surveiller l'accomplissement des formalités prescrites par les articles précédent. Il devra, si le tuteur ne s'y conforme pas, provoquer la réunion du conseil de famille, devant lequel le tuteur sera appelé à rendre compte de ses actes.* » En proposant à ses collègues d'accueillir cette disposition, M. Dernormandie, après avoir rappelé la première décision du

---

(1) M. Denormandie dans son rapport au Sénat, dit en effet : « Les tiers n'auront ni à suivre, ni à surveiller cet emploi ; ils n'auront aucun prétexte pour recourir à une libération judiciaire. »

Sénat, ajoutait : « La Chambre des députés n'a pas partagé cette appréciation. Elle s'est évidemment placée sous l'empire de cette préoccupation que le rôle du subrogé-tuteur n'étant pas supprimé, et ne pouvant pas l'être, devrait nécessairement s'appliquer aux nouvelles obligations du tuteur et que, puisqu'il en était ainsi, il valait mieux le dire. »

Cette manière d'envisager l'innovation est-elle bien exacte ? L'article 7 n'a-t-il vraiment d'autre portée que d'exprimer inutilement l'extension nécessaire de la fonction du subrogé-tuteur au nouvel état de choses créé par la loi ? Je ne le pense pas. Le subrogé-tuteur, réduit aux pouvoirs que lui attribue le Code, contribuerait dans une bien faible mesure à l'observation de la loi. L'unique moyen dont il dispose, pour entraver une gestion nuisible, consiste dans le droit de provoquer la destitution du tuteur incapable ou infidèle ; mais l'article 446, en le conférant, n'impose pas au subrogé-tuteur l'obligation de l'exercer ; il lui accorde une pure faculté qu'aucune responsabilité ne sanctionne et qui ne constitue, même entre les mains d'un représentant diligent, qu'un faible instrument d'action. Le tuteur n'encourt, en effet, la destitution que si sa gestion atteste son infidélité ou son incapacité, et le subrogé-tuteur ne peut s'immiscer dans l'administration, ni exiger, sauf le cas de l'article 470, aucune justification. Le plus souvent, il ne soupçonnera même pas les irrégularités ou les abus; et si quelques indices les lui révèlent, combien n'hésitera-t-il pas à réclamer la destitution du tuteur, sans apporter au conseil de famille la preuve certaine de faits incriminant la gestion ? En général, la reddition des comptes, seule, mettra au jour la situation, trop tard pour les intérêts de l'incapable. — L'interprétation du rapporteur au Sénat réduirait donc, comme on le voit, l'article 7 à un simple rappel inutile et sans portée.

Est-ce bien ce qu'a voulu la Chambre des députés ? — Tout d'abord, le texte de l'article 7 est impératif; il impose au subrogé-tuteur des obligations. Ses attributions ne seraient, il est vrai, en rien modifiées, si la loi se bornait à lui prescrire *de surveiller l'accomplissement des formalités imposées au tuteur par les articles précédents* ; mais le § 2 vient étendre, dans une large mesure, ses pouvoirs et sa responsabilité.

Pour que le subrogé-tuteur pût s'assurer que le tuteur *se conforme* à la loi, il fallait lui reconnaître le droit d'exiger de ce dernier la justification de l'accomplissement des formalités prescrites. — *Quid*, en cas de refus ? Le subrogé-tuteur pourra, je crois, s'adresser directement au tribunal, qui enjoindra, s'il y a lieu, au tuteur d'obtempérer, même sous peine de dommages-intérêts, à la réquisition qui lui est faite : une sanction moins énergique, telle qu'un simple recours au conseil de famille, aboutirait à la négation du contrôle personnel, dont le principe me paraît inscrit clairement dans le texte et affirmé par les travaux préparatoires (1). Si le tuteur est en règle, le subrogé-tuteur se bornera à le constater. Dans le cas contraire, il devra, dit l'article 7, *provoquer la réunion du conseil de famille, devant lequel le tuteur sera appelé à rendre compte de ses actes.* Le subrogé-tuteur n'a donc point qualité pour adresser des injonctions au tuteur ; il ne peut même point demander aux tribunaux de le contraindre à l'exécution de la loi. « La seule autorité compétente », a dit récemment le tribunal de la Seine (jugement du 2 août 1880), « est celle du conseil de famille, à qui est attribué le pouvoir de faire au tuteur toutes les injonctions et de lui donner toutes les autorisations utiles au mineur, relativement à l'aliénation et à la conversion des valeurs mobilières qui lui appartiennent. »

Ce n'est point une pure faculté qu'accorde au subrogé-tuteur l'article 7, 2° alinéa, mais bien une véritable obligation qu'il lui impose. Il en découle une responsabilité spéciale, dont la loi

---

(1) Rapport de M. Jozon : « On peut avancer, en résumé, que dans l'état actuel de notre législation, la surveillance du subrogé-tuteur, quoique ce soit encore en fait la plus sérieuse de toutes, reste absolument inefficace. — Il n'en sera plus de même dès que le subrogé-tuteur aura qualité pour contrôler, dès qu'il sera même tenu, sous sa responsabilité, de surveiller l'observation des obligations imposées au tuteur par le projet de loi. Il saura presque toujours si des valeurs au porteur ou des capitaux adviennent au mineur, et, trois mois après, il demandera au tuteur de justifier de la conversion de ces valeurs ou de l'emploi des capitaux. Cette demande de justification n'entraînera rien de vexatoire pour le tuteur, puisqu'il sera toujours en mesure, en représentant les documents constatant que la conversion ou l'emploi ont bien eu lieu conformément à la loi et aux délibérations du conseil de famille, de s'affranchir de toute ingérence du subrogé-tuteur dans sa gestion. »

n'a point déterminé l'étendue, « voulant », dit M. Jozon, dans son rapport, « laisser aux tribunaux le soin de l'appliquer avec discernement ». Il faut donc, sans aucun doute, écarter ici la solidarité édictée par l'article 1442 pour le cas spécial qu'il prévoit.

Le tuteur, dit l'article 7, devra *rendre compte de ses actes* devant le conseil de famille. Prises à la lettre, ces expressions impliquent, comme clôture de l'incident, la destitution du tuteur. Telle n'a pas été cependant la pensée des rédacteurs de la disposition ; ils l'ont envisagée comme un moyen de réparer des négligences ou des irrégularités, insuffisantes pour justifier une destitution ; une simple divergence de vues entre le tuteur et le subrogé-tuteur, sur un point délicat, pourra même déterminer la soumission de la difficulté au conseil, qui prononcera dans ce cas comme un véritable tribunal de famille.

En résumé, du texte de l'article 7 et des considérations qui l'ont inspiré, résulte une extension notable des attributions et de la responsabilité du subrogé-tuteur, contrairement à l'interprétation émise par le rapporteur au Sénat.

Cette disposition constitue la modification la plus sensible aux règles du Code en notre matière et donne à la loi son caractère le plus original. Le tuteur, seul responsable, auparavant, d'une administration qu'il dirigeait en toute liberté, est soumis aujourd'hui, dans certains cas, à une autorisation préalable, et pour tous les cas au contrôle inévitable du conseil de famille, qui l'exerce le plus souvent par le subrogé-tuteur, devenu pour ainsi dire son mandataire responsable. Ceux devant lesquels (s'il est permis d'introduire dans une thèse de droit la comparaison comme figure de rhétorique) le tuteur jouait auparavant son rôle, le rideau baissé, assisteront, désormais, juges clairvoyants et intéressés, à tous les actes de sa représentation..

Telles sont les questions principales que soulève la loi nouvelle. La jurisprudence ou des analyses plus perspicaces en découvriront de plus nombreuses.

J'ai examiné, à propos de chaque disposition spéciale, les critiques dont elle avait été l'objet. Un reproche plus général a été adressé à la loi, c'est de montrer une trop grande défiance envers des administrateurs déjà grevés d'une hypothèque légale, suffisante pour garantir les intérêts de l'incapable, d'être faite contre les tuteurs. Mais, les tuteurs soucieux des intérêts de l'incapable et de leur propre responsabilité réclamaient, depuis longtemps, un auxiliaire dans leurs opérations. Ce n'est donc pas contre eux, mais seulement contre les mauvais administrateurs qu'a été faite la loi ; comment, alors, trouver excessives envers eux les précautions nouvelles, venant suppléer la garantie, souvent illusoire, de l'hypothèque légale ?

Aujourd'hui donc, au prix il est vrai d'un léger accroissement de frais, les ressources mobilières du mineur et de l'interdit sont efficacement protégées. Il est cependant regrettable que le légis- lateur, parcimonieux de sa sollicitude, ait exclu des bienfaits de la loi nouvelle plusieurs catégories d'incapables bien dignes d'intérêt.

POSITIONS

DROIT CIVIL

I. — Sous l'empire de l'ordonnance de Villers-Cotterets (art. 132 et 133), la donation non insinuée n'est point absolument nulle.

II. — La représentation en ligne directe, pour les successions de mâles, est toujours restée interdite, sous l'ancien droit, dans certaines coutumes du nord de la France.

III. — C'est l'article 1123 du Code civil qui a définitivement aboli, en France, l'application du sénatus-consulte Velléien.

IV. — L'article 2123 du Code civil a dérogé à l'article 121 de l'ordonnance de janvier 1629.

V. — La femme qui exerce ses reprises contre la communauté agit en qualité de créancière pure et simple.

DROIT ROMAIN

I. — La stipulation sous condition résolutoire est nulle.

II. — Le § 117 du livre 4 de Gaius prévoit l'hypothèse où la vente de la chose a eu lieu après la *litis contestatio*.

III. — Sous Justinien, la prescription de 30 ans laisse subsister une obligation naturelle.

IV. — L'autorité de la chose jugée ne laisse subsister, en principe, aucune obligation naturelle.

DROIT CRIMINEL

I. — Le tuteur qui détourne des valeurs appartenant au pupille commet un abus de confiance.

II. — Les parties intéressées peuvent saisir la Cour d'assises d'une question relative à l'opportunité de la mesure que le président a ordonnée, en vertu de son pouvoir discrétionnaire.

DROIT CONSTITUTIONNEL

I. — Le Président de la République a le droit de conclure, en dehors du Parlement, tous les traités non compris dans l'énumération de l'article 8 de la loi constitutionnelle du 16 juillet 1875.

II. — Les pouvoirs du Congrès sont limités par l'indication faite par les Chambres, dans leurs délibérations séparées, des articles des lois constitutionnelles qu'il y a lieu de réviser.

Vu :

Lyon, le 28 mars 1882.

Le Doyen, Président de la Thèse,

E. CAILLEMER.

Permis d'imprimer :

Lyon, le 30 mars 1880.

Le Recteur,

Em. CHARLES.

TABLE DES MATIÈRES

DROIT ROMAIN

DROIT FRANÇAIS

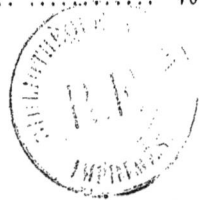